utb 6335

Eine Arbeitsgemeinschaft der Verlage

Böhlau Verlag · Wien · Köln · Weimar
Verlag Barbara Budrich · Opladen · Toronto
facultas · Wien
Wilhelm Fink · Paderborn
Narr Francke Attempto Verlag / expert verlag · Tübingen
Haupt Verlag · Bern
Verlag Julius Klinkhardt · Bad Heilbrunn
Mohr Siebeck · Tübingen
Ernst Reinhardt Verlag · München
Ferdinand Schöningh · Paderborn
transcript Verlag · Bielefeld
Eugen Ulmer Verlag · Stuttgart
UVK Verlag · München
Vandenhoeck & Ruprecht · Göttingen
Waxmann · Münster · New York
wbv Publikation · Bielefeld

Kathrin Höckel

Kathrin Höckel ist Bildungsexpertin, Beraterin und Dozentin in der Aus- und Weiterbildung. Ihre berufliche Laufbahn begann sie als Policy Analyst im Bildungsdirektorat der OECD in Paris und Beraterin von Regierungen. Nach ihrem Jahr als Fellow an der Harvard Universität und der Teilnahme am ersten u.lab von MIT-Professor und Transformationsforscher Otto Scharmer kündigte sie ihren festen Job bei der OECD, um als Selbständige ihr Engagement für eine zukunftsgewandte Bildung weiter zu verfolgen.
Ihre Ideen zur Zukunft der Bildung hat sie als Autorin und Co-Regisseurin des Dokumentarfilms ‚Teachers for Life' zum Ausdruck gebracht. Der Film feierte 2021 auf dem Münchner DOK.fest internationale Premiere und hat seither unzählige Zukunftsgestalter und Bildungsmacher inspiriert. Neben ihrer Tätigkeit als Beraterin von Regierungen, Unternehmen, Bildungseinrichtungen und Stiftungen hat sie Lehraufträge an der Universität Heidelberg, der Universität Bamberg und an Sciences Po, Paris und ist gefragte Vortragsrednerin und Dozentin in der Weiterbildung von Bildungspersonal.

Kathrin Höckel hat Geschichte und Politikwissenschaft in München, Cambridge und Paris studiert und einen Master of Public Administration (Public and Economic Policy) von der London School of Economics and Political Science.

www.kathrinhoeckel.com

Kathrin Höckel

Schule von morgen

Ein Trainingsbuch für die Lehrkraft der Zukunft

Verlag Julius Klinkhardt
Bad Heilbrunn • 2024

Online-Angebote oder elektronische Ausgaben zu diesem Buch
sind erhältlich unter utb.de und elibrary.utb.de

Impressum

Die Deutsche Bibliothek – CIP-Einheitsaufnahme
Die Deutsche Nationalbibliothek verzeichnet diese Publikation in der Deutschen Nationalbibliografie; detaillierte bibliografische Daten sind im Internet über http://dnb.d-nb.de abrufbar.

Abbildung Umschlagseite 1: © tatiana / adobe stock.
Einbandgestaltung: Agentur Siegel, Stuttgart.

Druck und Bindung: Friedrich Pustet, Regensburg.
Printed in Germany 2024.
Gedruckt auf chlorfrei gebleichtem alterungsbeständigem Papier.

utb-Band-Nr.: 6335
ISBN 978-3-8385-6335-0 digital
ISBN 978-3-8252-6335-5 print

Inhaltsverzeichnis

Einführung

Das Buch ‚Schule von morgen' ist ein Trainingsbuch für eine neue Generation von Lehrkräften, die die Bildung in die Zukunft führen wollen. Es präsentiert eine zeitgemäße Auffassung vom Lehren und Lernen und der damit verbundenen Rolle der Lehrkraft im 21. Jahrhundert und vermittelt das Handwerkszeug, das nötig ist, um diese Rolle langfristig erfolgreich und zufrieden auszufüllen und ein Gestalter zukunftsgewandter Bildungswege zu sein.

Bildung von gestern

Bildung bleibt heute weit hinter den Anforderungen unserer Zeit zurück. Während alle Lebensbereiche sich rasant entwickeln und Krise sich an Krise reiht, beharrt Schule mehrheitlich auf Methoden und Inhalten des vorigen Jahrhunderts. Diese Diskrepanz wird zusehends deutlicher. Viele junge Menschen fühlen sich von der älteren Generation im Stich gelassen und haben angefangen, die Dinge selbst in die Hand zu nehmen. Sichtbarster Ausdruck dieser Haltung sind weltweite Proteste, wie die der *Fridays for Future* Bewegung.

Diese jungen Leute sorgen sich um die entscheidenden Zukunftsfragen ihrer Generation. Warum im Klassenraum sitzen und sinnloses Wissen in sich hineinstopfen, wenn draußen die Welt zugrunde geht? Was helfen formale Qualifikationen, wenn uns die relevanten Kompetenzen fehlen, um im modernen Arbeitsmarkt erfolgreich zu sein und in der Welt zurecht zu kommen? Schule ist offensichtlich nicht hilfreich dabei, den Weg ins Leben zu ebnen und wichtige Weichen für die Zukunft zu stellen. Sie ist vom sich wandelnden Arbeitsmarkt abgekoppelt und von vielen gesellschaftlichen Entwicklungen weitgehend abgehängt. Sie bietet schlichtweg keine Antworten auf die drängendsten Fragen unserer Zeit.

Dabei gibt es klare Anforderungen an die Bildung und damit an die Tätigkeit der Lehrkräfte, die sich aus den gewandelten gesellschaftlichen Rahmenbedingungen und den dramatischen Veränderungen in der Welt ergeben. Volatilität und Veränderungsfrequenz erfordern permanente Anpassung. Eigenständiges Lernen ist dafür um ein Vielfaches wichtiger als in stabilen Zeiten. Auch geht es heute weniger darum, bestehende Strukturen durch Bildung zu bewahren und zu stabilisieren, als vielmehr um die Fragen: In welcher Gesellschaft wollen wir leben und arbeiten? Wie können wir unseren Lebensraum und zukünftigen Wohlstand erhalten? Bildung muss das Rüstzeug dafür vermitteln, auf diese Fragen Antworten geben zu können.

In den meisten Lebensbereichen gab es zu der Zeit als Bildung Ende des 19. Jahrhunderts gesellschaftliches Allgemeingut wurde, nicht viel zu entscheiden. Es gab einfach nur wenige Wahlmöglichkeiten, und für diese boten die Lehrpläne damals die relevante Vorbereitung. Heute steht alles und noch dazu weltweit zur Auswahl, vom Beruf über den Wohnort, die Weltanschauung, die Partnerschaft, bis hin zum eigenen Geschlecht und Namen. Jeden Tag müssen unzählige Entscheidungen gefällt werden. Um aber gute Entscheidungen zu treffen, muss man sich über seine Bedürfnisse, Wünsche und Möglichkeiten im Klaren sein und in eine bewusste Beziehung zu seiner Umwelt treten. Es muss daher das Ziel der Bildung im 21. Jahrhundert sein, Persönlichkeiten zu stärken und die Fähigkeiten für konkretes Handeln und Gestalten seines Lebens zu entwickeln.

Absurderweise steht vieles, was in Bildungseinrichtungen wie Schulen oder Universitäten abläuft, zukunftsgewandtem Lernen diametral entgegen. Aus der Lernforschung und auch aus der täglichen Praxis ist klar, wie Lernen funktioniert und welche Bedingungen nötig sind, damit effektives und nachhaltiges Lernen stattfindet. Dazu gehört, dass Lernen Begeisterung braucht und auf Vertrauen aufbaut und dass es eigentlich nur durch Erfahrungen tatsächlich wirkungsvoll wird. Dagegen sind Langeweile, Zukunftsangst, Selbstzweifel und Passivität die Widersacher des Lernens. Noch dazu machen Umstände, wie die steigende Diversität in Schulklassen oder allgemeine Krisen, die sich auf den Unterrichtsalltag auswirken, sowie auch die Ablenkungen durch die sozialen Medien das Lernen in allen Schulen immer schwieriger.

Der öffentliche Diskurs über die Notwendigkeit eines Bewusstseinswandels in der Bildung ist weit fortgeschritten. Täglich wird in den Medien ein Szenario der Unzulänglichkeit im Bildungswesen ausgebreitet und es werden dringende Veränderungen eingefordert. Darüber, dass die Bildung nicht mehr zeitgemäß ist, sind sich alle einig und es ist klar, dass es so nicht weitergehen kann. Aber es herrscht verbreitete Ratlosigkeit darüber, wie die neuen Bildungsziele konkret umgesetzt werden können. Etliche Forderungen werden an die Bildung und ihre Protagonisten herangetragen. Sie sollen die Bedürfnisse der verschiedenen gesellschaftlichen Gruppierungen integrieren, den Arbeitsmarkt bedienen, demokratische Bürgerinnen und Bürger erziehen und nebenbei noch die Welt retten. Bloß wie?

Die Aufgabe, alle diese Anforderungen zu bedienen, liegt auf den Schultern der Lehrkräfte, die diesen Job irgendwie meistern sollen, ohne dafür adäquat ausgebildet worden zu sein. Denn angehende Lehrkräfte werden weiterhin mit den Methoden von gestern ausgestattet, um eine Welt von morgen zu gestalten. Die Ausbildung pädagogischer Fachkräfte fokussiert sich immer noch stark auf zwei Themenbereiche: das Fach beziehungsweise die Fächer, die den Unterrichtsinhalt ausmachen und Unterrichtsmethoden. Das genügt nicht mehr den Anforderungen des Berufes. Und solange die Ausbildung von Dozenten betrieben wird, die Vorlesungen zu Motivation halten, die so langweilig sind, dass ihre Zuhörer einschlafen und Universitätsprofessorinnen, die für die Ausbildung von Lehrkräften zuständig sind, mir in einem Interview zur Weiterentwicklung des universitären Curriculums für angehende Lehrkräfte zu verstehen geben, dass sie sich auf die Forschung konzentrieren wollen und sie die praktische Ausbildung der Lehrkräfte nicht interessiert, wird es nötig sein, einen Teil der Ausbildung selbst in die Hand zu nehmen.

Die Probleme sind bekannt und die meisten Lehrkräfte wollen Teil einer besseren Lösung sein. Aber sie wissen nicht wie. Sie sind für den Wandel, verkörpern ihn aber nicht selbst. Sie brauchen Unterstützung, um dieses neue Bewusstsein in die Bildungspraxis einzubringen. Dafür gibt dieses Buch die richtigen Anleitungen.

Lehrkräfte von morgen

In einer grundlegenden Hinsicht hat die Bildungsforschung eindeutige Antworten hervorgebracht: entscheidend für den Bildungserfolg sind nicht Lehrpläne, Klassengrößen, digitale Hilfsmittel oder etwa die finanzielle Ausstattung einer Bildungseinrichtung. Entscheidend sind die Qualitäten der Lehrperson. Zahllose Einzeluntersuchungen und eine groß angelegte Metastudie haben immer wieder bestätigt, dass die Lehrerinnen und Lehrer die Hauptakteure der Bildung sind (Hattie, 2009). Sie haben den größten Gestaltungsspielraum und auf ihnen liegt die größte Verantwortung. Wer den Beruf der Lehrkraft ergreift, muss sich darüber im Klaren sein, wie bedeutungsvoll der Einfluss ist, den er oder sie auf die jungen Menschen und auf die Entwicklung von Gesellschaft und Wirtschaft haben kann. Dieser Rolle gerecht zu werden, erfordert eine klare Vorstellung von der Aufgabe und starke Persönlichkeiten.

Der Beruf der Lehrkraft ist anspruchsvoll. Schulklassen werden immer heterogener, mit Kindern und Jugendlichen aus unterschiedlichen Kulturen und Familienkonstellationen und mit individuellen Problemen und Bedürfnissen. Auch die gesellschaftlichen Erwartungen an die Bildung sind höher geworden. Unternehmen suchen kreative, anpassungsfähige junge Menschen, die in der Lage sind, sich immer neue Themen zu erschließen. Auf allen Ebenen zeigen sich menschengemachte Krisen und Herausforderungen, die sich nicht mit den Methoden lösen lassen, die sie verursacht haben. Auch diese Situation stellt neue Anforderungen an die Rolle der Lehrkraft, denn Auswendiglernen und die richtige Antwort wiedergeben ist eine veraltete Kompetenz, die zur Lösung der großen Probleme unserer Zeit nicht mehr genügen kann.

Das Lehrerdasein ist faszinierend und voller Widersprüche: für den Beruf brennen ohne dabei auszubrennen. Sich voll als Person einbringen und gleichzeitig angemessen zurücknehmen. Eine große Sympathie für junge Menschen haben, aber mit ausreichendem Abstand, denn das Bedürfnis, gemocht zu werden, steht einer Lehrkraft eher im Weg. Grenzen setzen und Grenzen erweitern. Gute Lehrer sind selbstbewusst und feinfühlig. Sie haben ein hohes Maß an Selbstkenntnis und an Menschenkenntnis und sind gleichzeitig robust genug, um mit Respektlosigkeit und übergriffigem Verhalten mancher Schülerinnen und Schüler souverän umzugehen. Sie sind offen und bereit für permanente Neuerungen und haben eine klare Linie, die sie in ihrem Unterricht verfolgen.

Die Rolle der Lehrkraft und deren Wahrnehmung in der Gesellschaft hat sich stark verändert. Während Lehrer früher eine formale Autorität genossen, die ihnen qua ihres Berufes zugestanden wurde, muss sich eine Lehrkraft heute viel mehr als früher persönliche Autorität erarbeiten. Lehrkräfte brauchen Fähigkeiten, die weit über die fachlichen Kompetenzen hinausreichen. Professionalität bedeutet, authentisch aufzutreten, seinen Werten gemäß zu handeln und seine Persönlichkeit in die Arbeit einzubringen. Im Grunde sind moderne Lehrkräfte Führungskräfte mit besonderen gesellschaftlichen Aufgaben. Wer junge Menschen in ihrer Entwicklung begleiten will, muss sich daher auch mit seiner eigenen Entwicklung auseinandersetzen. Dabei hilft dieses Buch.

Wer ein Studium durchlaufen hat, ist im besten Falle vorbereitet, aber noch lange nicht bereit und schon gar nicht reif für diese Aufgabe. An sich selbst zu arbeiten, sich sehr gut zu kennen und zu steuern sind Voraussetzungen dafür, erfolgreich als Lehrkraft im 21. Jahrhundert arbeiten zu können und ein zeitgemäßes Bildungsideal zu verkörpern. Ein vertieftes Durchdringen des Fachs und seiner Didaktik werden erst dann wirksam, wenn sie von einer klaren Vorstellung von Sinn und Ziel geleitet, durch eine persönliche Interpretation erweitert und von den nötigen sozialen Kompetenzen gestützt werden. Die Ausbildung bietet praktisch keine Gelegenheit, diese Fähigkeiten zu entwickeln. Vielmehr stoßen viele Lehrkräfte erst dann auf diese essenziellen Themen, wenn Probleme auftauchen aber dann häufig Kraft und Zeit fehlen, sich das nötige Handwerkszeug zu ihrer Bewältigung zu schaffen – wenn es also eigentlich schon zu spät ist. Daher scheitern viele Lehrkräfte schon in den ersten Jahren ihrer Berufsausübung, wenn sie nicht schon im Studium bemerken, dass sie den Anforderungen nicht gewachsen sind.

Das Buch konzentriert sich daher statt auf die traditionellen Inhalte von Fachwissen und Didaktik auf die dritte Komponente der Ausbildung: die Haltung und die sozialen und persönlichen Kompetenzen, die die Qualität einer Lehrkraft ausmachen. Es vermittelt alles, was Lehrkräfte gerne von Anfang an über und für den Beruf wissen wollten, aber an der Universität nicht erfahren haben. Es bleibt nicht auf der Ebene des Analysierens und Argumentierens stehen, sondern dient zur praktischen Vorbereitung im Studium, als Ansporn und Leitfaden beim Berufseinstieg und als Begleiter für die Weiterentwicklung ein Leben lang.

Aus der Praxis für die Praxis

Das Buch ist aus verschiedenen Erfahrungen hervorgegangen. Ausgangspunkt war die Suche nach Vorbildern für zukunftsweisendes Lehren im 21. Jahrhundert, die in die Produktion des Dokumentarfilms ‚*Teachers for Life*' mündete, der 2021 beim Münchner Dokumentarfilmfestival Premiere hatte. In dem Film werden besondere Pädagogen aus Deutschland, Frankreich, Dänemark und England porträtiert, die es schaffen, junge Menschen zu starken Persönlichkeiten auszubilden und die mit ihrer Arbeit ein gesellschaftliches Engagement verbinden. Das von diesen Pädagogen inspirierte Trainingsbuch entstand mit Unterstützung der Heidelberg School of Education, aus Lehrveranstaltungen an der Universität Heidelberg und zahlreichen Seminaren zur Aus- und Fortbildung von Lehrkräften unterschiedlicher Schulformen, einschließlich der Erwachsenenbildung.

Ich habe dieses Buch für verschiedene Leserkreise geschrieben, die alle ein Thema eint. Wie können wir als professionelle Lehrkräfte unter den Bedingungen des 21. Jahrhunderts gut und zukunftsweisend arbeiten? Allen voran richtet sich das Buch an angehende Lehrkräfte, die das Berufsleben noch vor sich haben und zielt darauf, ihnen einen ganz persönlichen Weg in den Beruf zu ebnen. Aber auch bereits erfahrene Lehrkräfte, Quereinsteiger, Sporttrainerinnen und alle anderen Personen, die sich in einer Lehrposition befinden oder professionell mit jungen Menschen arbeiten, können davon profitieren und ihre Praxis bereichern und verbessern.

Das Buch gibt Anleitungen zum praktischen Üben, denn durch Lesen allein wird man keine tiefgreifenden Veränderungen erzielen. Ansatzpunkte für dieses Arbeiten liefern die vielen Fragen, die im Zusammenhang mit den einzelnen Kapiteln gestellt werden. Sie sind eine Herausforderung zur individuellen Auseinandersetzung mit den verschiedenen Themen und bieten einen Leitfaden für den ganz persönlichen Weg, eine Lehrkraft der Zukunft zu werden. Die behandelten Themen basieren zwar auf wissenschaftlichen Erkenntnissen, müssen aber in einem Austausch zwischen bewusster Reflexion und realer Erfahrung individuell erarbeitet werden. Um diesen Dialog von Reflexionen und Erfahrungen auszuprobieren, liefert das Buch viele konkrete Vorschläge für praktische Übungen und Anregungen zum Nachdenken. Jedem Themengebiet könnte man ein ganzes Buch, manchmal sogar eine Regalreihe widmen. Weiterführende Literatur bietet daher Anreize, sich mit einzelnen Inhalten noch tiefergehender zu beschäftigen.

Viele Aspekte beziehen sich auf das Lehren und Lernen gleichermaßen. Die Entwicklung anderer Menschen gefühlvoll und effektiv zu begleiten, erfordert, selbst bereits einen gewissen Entwicklungsweg beschritten zu haben. Das Buch präsentiert dabei keine Methode ‚in zehn Schritten zum Erfolg', denn ein Passepartout für menschliche Entwicklung kann es nicht geben. Vielmehr bietet es mit einer Vielfalt von Herangehensweisen und Explorationsmöglichkeiten jedem die Möglichkeit, seinen individuellen Weg zu finden. Bereichert wurde das Buch durch etliche Gespräche mit Ausbildern und aktiven Lehrkräften, von Resultaten verschiedener Forschungsgebiete und Inspirationen aus Kunst und Literatur. Denn von den unterschiedlichsten Lehrmeistern, von der Psychologin zum Polizeibeamten, von Geschichtenerzählerinnen und Filmemachern, selbst von Hühnern können wir etwas für das Leben lernen. Lehren und Lernen ist bunt und voller Leben – und so ist auch dieses Buch, das den Lehrkräften der Zukunft gewidmet ist.

1 Bildung wozu?

Bildung formt einzelne Biografien und ganze Gesellschaften. Daher braucht jeder, der im Bildungswesen tätig ist, eine klare Vorstellung davon, was mit Bildung erreicht werden soll. Das gilt insbesondere für die wichtigsten Akteure der Bildung, die Lehrerinnen und Lehrer. Die Klärung dieser Zielvorstellung hat verschiedene Implikationen für die Rolle der Lehrkraft und somit für die Gestaltung der täglichen Praxis. Klare Zielvorstellungen geben unserer Arbeit einen Sinn. Sie liefern uns Kriterien, um die Qualität und Relevanz unserer Arbeit zu beurteilen und Anhaltspunkte, um in alltäglichen Situationen gute Entscheidungen zu treffen.

1.1 Das Potenzial von Bildung

1.2 Was will ich mit Bildung erreichen?

Zum Nachdenken:

Deine Bildungsziele

1.1. Das Potenzial von Bildung

Bildungsziele kann man auf unterschiedlichen Ebenen definieren. Sie betreffen zum einen jeden einzelnen Menschen, dessen Ausbildung wir verantworten. Zum anderen entsteht daraus in der Summe eine übergeordnete Zielvorstellung, die gesellschaftliche Auswirkungen hat. Und immer hat Bildung damit zu tun, wie wir unsere Zukunft gestalten wollen. Wer sich die Frage, welche Zukunft erstrebenswert und lebenswert ist, nie stellt oder sie aus den Augen verliert, der läuft Gefahr, mit der Zeit zu einem mehr oder weniger gut geölten Zahnrad in einer Maschinerie zu werden, anstatt die Zukunft aktiv zu erschaffen. Oder schlimmer noch, man riskiert, mit seiner Arbeit faktisch andere Ziele zu bedienen und für Entwicklungen instrumentalisiert zu werden, hinter denen man möglicherweise gar nicht steht.

Ich frage angehende Lehrkräfte immer, was ihre Ziele sind und was sie durch ihre Arbeit mit Kindern und Jugendlichen erreichen wollen. Dann bekomme ich oft hoffnungsvolle Antworten. Potenziale zu entfalten, sei ihr Ziel, antworten dann viele oder ‚eine Sonne, die jeden Tag für die Kinder strahlt', möchte sie sein, so die Formulierung einer angehenden Grundschullehrerin. Das sind klare Vorstellungen, die Motivation und eine eindeutige Ausrichtung der eigenen Rolle und Aufgabe liefern. Soweit die Theorie. Dann kommt die nächste Frage. Wisst ihr, wie man Potenziale entfaltet? Beherrscht ihr die dazugehörigen Kompetenzen? Ist dieser Grundschullehrerin auch klar, welche Bedingungen sie braucht und wie sie für sich selbst sorgen muss, damit sie jeden Tag wie eine Sonne für ihre Kinder strahlen kann? Oder falls die beiden bereits als Lehrkräfte arbeiten, schauen sie regelmäßig auf den Tag zurück und stellen sich die Frage: habe ich heute gestrahlt? Hat meine Arbeit geholfen, Potenziale zu entfalten?

Die Frage ‚Bildung wozu?' muss man sich mit aller Konsequenz stellen und zu beantworten suchen, um sich seine Aufgabe als Lehrkraft bewusst zu machen und einen Leitstern für die eigene Arbeit zu etablieren. Wer den Schritt vollzieht, seine Ideale in die Realität zu überführen, für den nimmt die Aufgabe Konturen an. Plötzlich erscheint ein klarer Weg vorgezeichnet, den man als Lehrkraft beschreiten kann. Auf diesem Weg werden immer wieder Steine liegen, es wird Abzweigungen geben, die einen zweifeln lassen, es wird mal bergauf, mal bergab gehen. Aber wer sein Ziel kennt, wird jede dieser Unebenheiten überwinden.

Wenn man die heutige Bildungslandschaft betrachtet, kann man den Eindruck gewinnen, das einzige Ziel vieler Lehrkräfte sei die Hinführung zum Schulabschluss. Oder noch kleiner gedacht, die Vorbereitung für die nächste Klausur. Aber wozu dient dann diese Klausur? Was soll mit dem Schulabschluss erreicht werden? Und wozu dienen die täglichen Interaktionen mit den Schülerinnen und Schülern, was sind die Erfahrungen und Erkenntnisse, die die Lehrkräfte ihnen ermöglichen können? Der Blick auf Bildung muss wesentlich weiter gefasst werden, denn die Auswirkungen von Bildung sind weitreichender als die Erfüllung eines vorgegebenen

Lehrplans auf einer bestimmten Schulstufe. Dazu liefern uns Denker und Daten einige Anhaltspunkte, die wir in diesem Kapitel zu Rate ziehen.

Der US-amerikanische Ökonom James Heckman hat eine einfache Formel gefunden, um einen wichtigen Grundsatz der Bildung auszudrücken: ‚Skills beget skills' (Heckman, 2008, S. 21). Das bedeutet, Lernen bedingt weiteres Lernen. Alles Lernen ist verbunden und baut sich sukzessive auf. Deswegen ist es wichtig, seine Bildungsarbeit nicht isoliert zu betrachten, sondern auf jeder Stufe das Gesamte im Blick zu behalten. Die Arbeit von Erzieherinnen und Erziehern schafft Voraussetzungen für den Schuleintritt. Die Arbeit von Grundschullehrkräften hat Einfluss auf die weitere Schulbildung, diese wiederum auf die weiterführende Bildung, sei es in der Universität oder der Berufsbildung. Und natürlich hat alle Bildung erheblichen Einfluss auf die wirtschaftlichen und sozialen Erfolge und damit auf die Prosperität einer Gesellschaft und die Möglichkeiten, die einer Person im Leben offenstehen.

Bildung als staatliche Aufgabe wird von offiziellen Curricula und politisch festgelegten Bildungszielen gelenkt, die den Rahmen abstecken. Diese haben sich im Verlauf der Geschichte immer wieder geändert, wie auch Schulbücher und deren Inhalte. Man denke nur an die Vermittlung des Fachs Geschichte, die in jeder Epoche eine neue Färbung bekommt. Fächer werden anders priorisiert oder ganz abgeschafft, neue entstehen. Gleichzeitig ist vieles in der Bildung in Ländern wie Deutschland seit Jahrzehnten ausgesprochen veränderungsresistent und verliert damit in einer sich immer schneller wandelnden Zeit zunehmend an Relevanz.

Dass Bildung aber auch ein machtvolles Transformationsinstrument sein kann, zeigen andere Länder. In Südkorea beispielsweise, einem Land, das in der zweiten Hälfte des 20. Jahrhunderts eine unglaublich rasante wirtschaftliche Entwicklung vom Entwicklungs- zum Industrieland durchlaufen hat, war Bildung das Schlüsselmoment des Fortschritts. Heute erhofft sich die Weltgemeinschaft nicht weniger, als dass Bildung der Motor für nachhaltige Entwicklung und damit das zentrale Werkzeug zur Lösung der größten Herausforderungen unseres Jahrhunderts ist.

Die Frage ‚Bildung wozu?' muss jeder für sich selbst beantworten und kann über den staatlich definierten Bildungsauftrag hinaus individuelle Ziele mit seiner täglichen Arbeit verbinden. Denn die Umsetzung der Bildungsziele liegt jeden Tag aufs Neue in den Händen jeder einzelnen Lehrkraft, die sie interpretiert und mit Leben füllt. Dieses Kapitel bietet eine Reihe von Argumenten und Anhaltspunkten, um zu verstehen, wie weitreichend die Aufgabe der Lehrkraft ist und welche Fragen man sich stellen sollte, um diese Aufgabe im 21. Jahrhundert adäquat zu definieren und zu erfüllen.

1.1.1 Kompetenzen für die Wirtschaft von morgen

Beginnen wir mit einer vergleichsweise einfachen Thematik. Eine Aufgabe der Bildung ist es, junge Menschen auf ihr Berufsleben und den Arbeitsmarkt vorzubereiten und gleichzeitig die Wirtschaft mit kompetenten Fachkräften zu versorgen. Daher liegt es nahe, zu fragen, welche Kompetenzen in der Wirtschaft von morgen die größte Rolle spielen und welche Implikationen dies für die Arbeit der Lehrkräfte hat.

Der MIT Professor David Autor forscht seit vielen Jahren über die Entwicklung des amerikanischen Arbeitsmarktes, insbesondere die Verschiebungen, die sich auf Grund des technologischen Wandels und der Übernahme von Aufgaben durch Maschinen und in jüngerer Zeit auch durch die künstliche Intelligenz, ergeben (Abb. 1.1). Die Daten dieser Studien beziehen sich auf die US-amerikanische Wirtschaft, sind aber richtungsweisend für alle entwickelten Volkswirtschaften des Westens und damit auch für ein Land wie Deutschland (Autor & Price, 2013). In der Entwicklung des Arbeitsmarktes beobachtet Autor zwei Trends: Jobs, die einfache Routinearbeiten erfordern, werden immer stärker automatisiert und damit von Maschinen übernommen. Komplexe Probleme dagegen, die eigenständig erarbeitete Lösungen verlangen, sind am schwierigsten zu automatisieren, dort werden nach wie vor menschliche Arbeitskräfte eingesetzt. Und diese Aufgabenbereiche gewinnen kontinuierlich an Bedeutung (Autor, 2015, 2022).

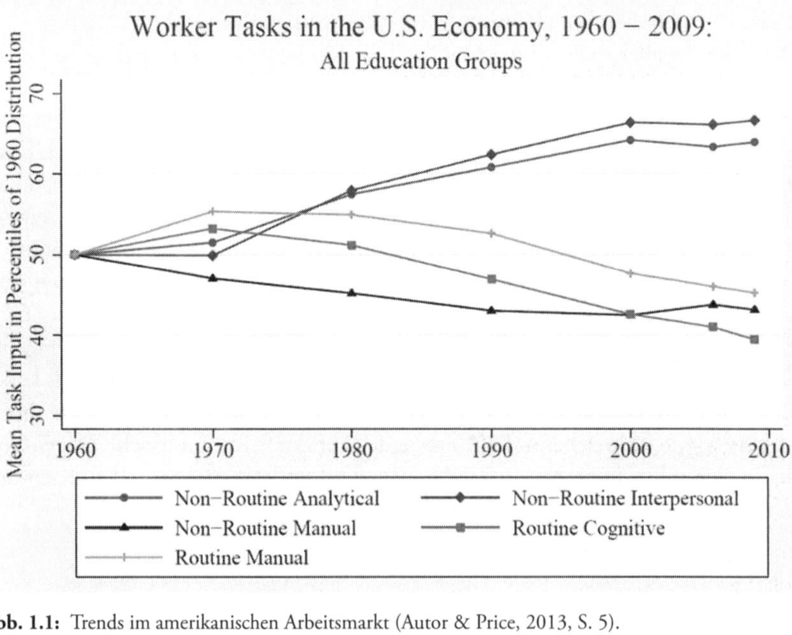

Abb. 1.1: Trends im amerikanischen Arbeitsmarkt (Autor & Price, 2013, S. 5).

Dabei ist es nicht so, dass durch Automatisierung Jobs einfach komplett ersetzt werden und der Mensch nach und nach gänzlich aus dem Arbeitsmarkt verdrängt wird, wie oft befürchtet wurde. Vielmehr sind Mensch und Maschine komplementär, es findet eine neue Arbeitsteilung zwischen unterschiedlichen Aufgabenbereichen statt. Während viele traditionelle Berufe aussterben, entstehen gleichzeitig auch neue Berufsbilder, die andere Kompetenzen erfordern. Der strategische Vorteil des Menschen besteht in seiner Fähigkeit zum abstrakten Denken, seiner Kreativität und der Fähigkeit zur flexiblen Problemlösung. Im gehobenen Aufgabenspektrum von technischen, kreativen und Managementberufen wie Medizin, Recht, Ingenieurwesen oder der Wissenschaft bedeutet das vor allem den Einsatz von Intuition, Kreativität und Problemlösung in eher abstrakten, analytischen nicht-Routine Aufgaben. Dies geschieht oft in Zusammenarbeit mit Computern, die große Mengen an Informationen organisieren, verarbeiten und übermitteln, aber selbst keine kreativen Ansätze liefern können.

Ein zweites Aufgabenspektrum, in denen der Mensch im Vorteil ist, ist in der letzten Zeit noch viel wichtiger geworden: die zwischenmenschlichen Aufgaben etwa im Servicebereich oder in der Pflege. Diese erfordern vor allem komplexe Kommunikationsformen und damit adaptive soziale Kompetenzen, die Maschinen nicht in gleicher Weise liefern können, weil ihnen emotionale Fähigkeiten und Empathie fehlen. Das amerikanische National Bureau of Economic Research kommt zu analogen Resultaten. Berufsfelder, die nur schwer zu automatisieren sind, erfordern vor allem starke soziale Kompetenzen. Seit den 1980er Jahren hat das größte Jobwachstum in solchen Berufen stattgefunden (Deming, 2015).

Aus diesen Beobachtungen folgt prinzipiell, dass diejenigen Kompetenzen, die am leichtesten zu unterrichten sind, nämlich reines Wissen und Fähigkeiten, die zum Erledigen repetitiver, vorhersehbarer Aufgaben nötig sind, auch am leichtesten durch Maschinen zu ersetzen sind. Den Wettbewerb mit Maschinen um mehr Wissen können wir schon lange nicht mehr gewinnen. Auch rechnen und Informationen speichern und verwalten können Maschinen viel besser. Wenn wir dagegen gegenüber der Maschine einen Vorteil behalten wollen, müssen wir uns auf unsere spezifisch menschlichen Fähigkeiten besinnen und unsere komplexen kognitiven und interpersonellen Kompetenzen fördern.

Auch auf globaler Ebene kommt man bei der Betrachtung des Arbeitsmarktes zu ganz ähnlichen Ergebnissen. Im Jahr 2020 hat das Weltwirtschaftsforum eine Studie publiziert, die untersucht, welche Kompetenzen von Unternehmen in den kommenden Jahren am stärksten nachgefragt werden (World Economic Forum, 2020). Unter den dort aufgeführten Top Skills befinden sich einige Kategorien, die sich auf die Entwicklung und den Umgang mit Technologien beziehen. Die Mehrheit der Kompetenzen entfällt aber auf den Bereich der genuin menschlichen Fähigkeiten: kritisches Denken, Kreativität und Originalität, Initiative und Führungsstärke, ebenso wie personale Kompetenzen wie Resilienz, Toleranz und Flexibilität (Abb. 1.2).

Abb. 1.2: Die 10 wichtigsten Fähigkeiten für den Arbeitsmarkt im Jahr 2025 (World Economic Forum, 2020, https://www.weforum.org/agenda/2020/10/top-10-work-skills-of-tomorrow-how-long-it-takes-to-learn-them).

Zieht man ein Resümee aus diesen Ergebnissen, so scheint es, dass aus der Wirtschaftsperspektive Bildung, neben dem Umgang mit neuen Technologien, vor allem die genuin menschlichen Fähigkeiten, also eine ganze Reihe von personalen und interpersonellen Fähigkeiten fördern soll. Denn Menschen mit solchen Qualitäten sind eben nur schwer beziehungsweise gar nicht von Maschinen oder künstlicher Intelligenz zu ersetzen. Aus wirtschaftlicher Sicht muss Bildung daher eindeutig eine umfassende Menschenbildung sein, die neben der Aneignung verschiedener Wissensbereiche vor allem auch die Entwicklung dieser Kompetenzen zum Ziel hat.

1.1.2 Bildung für nachhaltige Entwicklung

Die Vorbereitung auf den Arbeitsmarkt ist eine wichtige Aufgabe der Bildung, aber nur ein Teil des Bildungsauftrags. Darüber hinaus hat Bildung das Potenzial, unsere Zukunft als Menschheit und unser Leben auf dem Planeten Erde zu formen und zu sichern. Zumindest muss sie junge Menschen adäquat auf diese Zukunft vorbereiten. Extreme Klimaphänomene, Pandemien, territoriale Konflikte und zunehmende Ressourcenknappheit erinnern uns täglich daran, dass es um die Zukunft unseres Planeten nicht sonderlich positiv bestellt ist. Es ist eine grundsätzlich andere Entwicklungsrichtung nötig, wenn wir als Menschheit weiterhin ein gutes Leben auf dem Planeten Erde führen wollen. Der amerikanische Intellektuelle Jeremy Rifkin hat diese mögliche Zukunft als das Zeitalter der Resilienz beschrieben:

> Wenn im Zeitalter des Fortschritts die Effizienz den Takt vorgab, dann ist es im Zeitalter der Resilienz die Anpassungsfähigkeit. Die Umorientierung von der Effizienz zur Anpassungsfähigkeit ist die Voraussetzung, um unsere Entfremdung von der Erde zu überwinden und uns in die Vielzahl der irdischen Akteure einzugliedern – eine Neuorientierung menschlichen Handelns auf einem zunehmend unberechenbaren Planeten. (Rifkin, 2022, S. 12).

Der Bildung kommt laut Rifkin dabei eine zentrale Bedeutung zu. Eine zukunftsfähige Gesellschaft und eine robuste, nachhaltige Wirtschaft brauchen nicht nur neue Berufsbilder und spezifische technische Kompetenzen. Das ganze Bildungswesen muss darauf ausgerichtet sein, systemisches Denken und ein Bewusstsein von der Vernetzung und Verbundenheit aller Dinge zu entwickeln. Seine Mission muss sein, das Leben auf dem Planeten Erde zu erhalten. Zugespitzt formuliert: als Gesellschaft können wir es uns nicht mehr leisten, in den Schulen etwas anderes als Bildung für nachhaltige Entwicklung zu vermitteln.

Die gesellschaftlichen und ökologischen Herausforderungen unserer Zeit sind so immens, dass gar nicht genug Kreative gefördert werden können, um sie zu lösen. Die Erde ist übervölkert und durch den Menschen ausgelaugt und verschmutzt. Es kann in Zukunft nicht mehr wie bisher darum gehen, die Natur möglichst radikal zu unterwerfen und auszubeuten. Alles muss künftig darauf ausgerichtet sein, das, was von der Natur übrig ist, zu schützen und alles Lebendige zu erhalten, damit die Erde auch für künftige Generationen ein lebenswerter Ort bleibt.

Seit der industriellen Revolution diente die Bildung dem allgemeinen Fortschritt. Sie war selbst industrialisiert, alle lernten das gleiche und Bildungsaktivitäten fanden in gleichförmig geordneter Form, im wahrsten Sinne des Wortes in Reih und Glied statt. Und es war klar, für welche Berufszweige und Karriereverläufe ausgebildet wurde. Technologische Veränderungen, Kriege und Krisen hat es immer gegeben, aber insgesamt waren Veränderungen weniger rasant und radikal. Heute sieht das Bild ganz anders aus. Wer heute in die Schule geht, wird nicht nur in Berufen arbeiten, die es heute noch nicht gibt, sondern auch Probleme lösen, die wir uns

noch gar nicht vorstellen können und in einer viel komplexeren, diverseren Welt leben, als es heute schon der Fall ist.
Die positive Zukunftsvorstellung von einer lebenswerten Welt mit echtem Wohlstand für alle, sauberen Elementen, intakter Natur und menschlichen Entfaltungsmöglichkeiten ist in den 17 Zielen für nachhaltige Entwicklung der UNO zusammengefasst (Abb. 1.3).

Abb. 1.3: Die 17 Ziele der UN für nachhaltige Entwicklung (www.un.org).

Zwar hat sich die Weltgemeinschaft auf diese grundlegenden Ziele geeinigt, aber in der Umsetzung sind noch weite Strecken zu gehen. Die Ziele beschreiben daher gleichsam die Herausforderungen für kommende Generationen. Aber bereiten wir junge Menschen auch auf diese Herausforderungen vor? Aus der PISA Studie zu Nachhaltigkeit wissen wir, dass Schülerinnen und Schüler zwar der Meinung sind, dass diese nachhaltigen Entwicklungsziele bedeutungsvoll sind, sie aber nicht das Gefühl haben, dass sie über die nötigen Kompetenzen verfügen, um beim Erreichen dieser Ziele mithelfen zu können (OECD, 2022).
Um das zu ändern, müssen diese Kompetenzen definiert und gefördert werden. Die UNESCO als die für Bildung zuständige UN Organisation, hat acht Kompetenzbereiche identifiziert, die für das Erreichen dieser nachhaltigen Entwicklungsziele von vitaler Bedeutung sind und damit die Arbeit der Bildung auf der ganzen Welt inspirieren sollten (Rieckmann, 2018, S. 44-45).

Systems thinking competency – the ability to recognize and understand relationships, to analyse complex systems, to perceive the ways in which systems are embedded within different domains and different scales, and to deal with uncertainty.

Anticipatory competency – the ability to understand and evaluate multiple futures – possible, probable and desirable – and to create one's own visions for the future, to apply the precautionary principle, to assess the consequences of actions, and to deal with risks and changes.

Normative competency – the ability to understand and reflect on the norms and values that underlie one's actions and to negotiate sustainability values, principles, goals and targets, in a context of conflicts of interests and trade-offs, uncertain knowledge and contradictions.

Strategic competency – the ability to collectively develop and implement innovative actions that further sustainability at the local level and further afield.

Collaboration competency – the ability to learn from others; understand and respect the needs, perspectives and actions of others (empathy); understand, relate to and be sensitive to others (empathic leadership), deal with conflicts in a group; and facilitate collaborative and participatory problem-solving.

Critical thinking competency – the ability to question norms, practices and opinions; reflect on one's own values, perceptions and actions; and take a position in the sustainability discourse.

Self-awareness competency – the ability to reflect on one's own role in the local community and (global) society, continually evaluate and further motivate one's actions, and deal with one's feelings and desires.

Integrated problem-solving competency – the overarching ability to apply different problem-solving frameworks to complex sustainability problems and develop viable, inclusive and equitable solutions that promote sustainable development – integrating the above-mentioned competencies.

Alle diese Kompetenzen sind die bereits bekannten genuin menschlichen Fähigkeiten, die sich von den Möglichkeiten unterscheiden, die den Maschinen und der künstlichen Intelligenz zur Verfügung stehen. Sie haben bemerkenswert viele Überschneidungen mit den Kompetenzen, die von der Wirtschaft für die Zukunft gefordert werden. Auch hieraus folgt der Schluss: um zukunftsfähig zu sein, muss Bildung junge Menschen holistisch ausbilden, d. h. sie in ihrem Menschsein fördern.

Zugespitzt formuliert könnte man auch hier sagen: die vorrangige Aufgabe von Bildung, nachdem alles vorhandene Wissen jederzeit von jedem abrufbar ist und Maschinen viele klar definierte Aufgaben übernehmen können, ist, Menschen in die Lage zu versetzen, einen positiven Beitrag zur Erhaltung des Planeten Erde für alle Lebewesen zu leisten, indem ihre genuin menschlichen Eigenschaften und Fähigkeiten gefördert werden.

Dieses Verständnis von Bildung hat erhebliche Implikationen für die Bildungspraxis. Denn die Kompetenzen, die von der UNESCO für eine nachhaltige Entwicklung gefordert werden und die auch für eine Wirtschaft von morgen bedeutsam sind, lassen sich nicht in traditioneller Weise durch einfaches Unterweisen vermitteln. Bildung als eine Bildung für nachhaltige Entwicklung (kurz BNE) zu verstehen, ist gleichsam eine riesige Chance, um Lehren und Lernen zu modernisieren, wie es von vielen Seiten verlangt wird.

Erstens erfordert eine zukunftsgewandte Bildung ein Verständnis von Zusammenhängen, anstatt die Welt durch die Linse einzelner, voneinander getrennter Fächer zu betrachten. Bildung für nachhaltige Entwicklung bedeutet nicht nur, die Auswirkungen einer Handlung auf weitere Bereiche zu antizipieren, sondern auch Systemverbindungen zu erkennen, denn die Probleme, denen wir gegenüberstehen und die durch die 17 nachhaltigen Entwicklungsziele der UN ausgedrückt sind, sind komplex und auf vielfache Art miteinander verbunden.

Zweitens kann BNE nicht nur separat von der Welt, in der wir leben, abgeschlossen im Klassenraum erörtert werden. Sie muss die Welt mit einbeziehen und jungen Menschen Gelegenheiten verschaffen, eine echte Verbindung zu den relevanten Themen aufzubauen. Dazu muss Schülerinnen und Schülern die Möglichkeit gegeben werden, sich unmittelbar mit den realen Problemen auseinanderzusetzen und den Mut zu beweisen, ihre Lösungsvorschläge auch in die Tat umzusetzen.

Daher erfordert BNE drittens andere Formen des Unterrichtens, die viel aktiver, eigenständiger und freier sind, die reale Situationen aufgreifen, die im Team bearbeitet werden und bei denen weder der Ausgang völlig klar, noch der Weg dorthin eindeutig vorgeschrieben ist. Fertige richtige oder falsche Antworten kann es in einem solchen Kontext nicht geben und auch die Lehrkraft hat nicht immer die passende Lösung parat. Das Lernen der Zukunft ist relevant, aktiv und lebensnah, transformativ und autonom.

Allerdings findet eine Vorbereitung der Lehrkräfte auf diese Aufgabe bisher in der Grundausbildung noch kaum statt. In einer 2018 durchgeführten Studie wurden Lehrkräfte in allgemeinbildenden Schulen und Berufsschulen in allen Bundesländern nach dem Stand der Implementierung von BNE und der eignen Haltung, den Emotionen und dem Wissen in Bezug auf BNE befragt (Brock & Grund, 2018). In dieser Studie gaben über zwei Drittel (69%) der Befragten an, dass Bildung für nachhaltige Entwicklung in ihrem Studium nie thematisiert wurde. Zwar wurden, wie zu erwarten, Unterschiede zwischen eher BNE-affinen Fächern (Geografie, Biologie und Sachunterricht) und anderen Fächern festgestellt. Dagegen konnten die Autoren keinen signifikanten Zusammenhang zwischen dem Alter der Lehrkräfte und dem BNE-Gehalt ihres Studiums feststellen.

Das heißt, selbst in jüngerer Zeit ausgebildete Lehrerinnen und Lehrer wurden in ihrem Studium nicht an diese wichtigen Zukunftsthemen herangeführt. An verschiedenen Universitäten werden inzwischen BNE Zertifikate angeboten, aber der Ansatz ist nicht Teil der Standardausbildung für das Lehramt. Wer durch Bildung einen Beitrag zur zukünftigen Entwicklung leisten will, muss dies selbst in die Hand nehmen. Die entsprechenden Zukunftskompetenzen behandeln wir im zweiten Kapitel.

1.1.3 Bildung als individuelle Förderung

Es ist essenziell, die übergeordneten Dimensionen des Bildungsauftrags zu kennen und bei seiner Arbeit im Blick zu haben. Im Konkreten jedoch bezieht sich Bildung jeden Tag auf den einzelnen Menschen. Das bedeutet, dass Bildung zum Ziel haben muss, die Haltung und die Kompetenzen zu vermitteln, die die heranwachsende Generation dazu befähigen, mit den Herausforderungen der Welt und des sich wandelnden Arbeitsmarktes nicht nur umzugehen, sondern idealerweise dazu einen positiven Beitrag zu leisten. Und das hat Konsequenzen, nicht nur für die Zusammensetzung der Inhalte, sondern auch für die Art und Weise, wie Lernen organisiert und angeleitet wird.

Neben diesen übergeordneten Zielen kann die Frage ‚Bildung wozu?' also auch auf individueller Ebene beantwortet werden. Lernen und Lehren wird dann so aufgefasst, dass jeder Mensch mit seinen individuellen Talenten die Chance bekommen soll, seine Möglichkeiten voll zu entwickeln. Bildung ist ein Hebel, mit dem man ganze Biografien verändern kann. Viele Menschen können von eigenen Erfahrungen oder von Personen in ihrem Umfeld erzählen, die durch eine bestimmte Lehrkraft besonders gefördert wurden. Manchmal ist das ein einziger ermutigender Satz auf dem Schulkorridor, an den sich die Person noch im Erwachsenenalter erinnert. Oft sind es Momente, in denen sich die jungen Menschen gesehen und verstanden fühlen. Lehrkräfte haben damit wie wenige andere Berufsgruppen die Möglichkeit, direkten Einfluss auszuüben und echte Wirkung zu erzielen.

Im Grundsatz bedeutet individuelle Förderung, dass junge Menschen darin unterstützt werden, ihre Interessen zu entdecken und ihre Stärken zu entwickeln. Das erfordert, dass man ihnen die Möglichkeiten gibt, eigene Ideen zu präsentieren und dass man eigene Lösungsansätze zu formulieren nicht nur zulässt, sondern auch aktiv unterstützt. Die Haltung der Potenzialentfaltung unterscheidet sich damit ganz grundlegend von der der Unterweisung. Und damit über Potenzialentfaltung nicht nur geredet wird, sondern diese auch effektiv Eingang in die Praxis finden kann, brauchen Lehrkräfte besonders ausgeprägte soziale Kompetenzen. Diese werden im fünften Kapitel ausführlich besprochen.

Förderung kann auch bedeuten, seine Schülerinnen und Schüler auf Möglichkeiten aufmerksam zu machen, die sie über die schulische Ausbildung hinaus unterstützen können. Lehrkräfte haben – vor allem, wenn Familien nicht in der Lage sind, diese Unterstützung zu liefern – eine Schlüsselfunktion darin, jungen Menschen die Welt zu eröffnen. Das kann auch bedeuten, sie auf Auslandsaufenthalte, Veranstaltungen, Stipendien oder Programme und Wettbewerbe, wie zum Beispiel ‚Jugend forscht' aufmerksam zu machen, die außerhalb des Erfahrungshorizontes ihrer Familien liegen, aber möglicherweise Türen öffnen, die ihr ganzes Leben beeinflussen. Gerade Schülerstipendien, wie ‚grips gewinnt' der Joachim Herz Stiftung oder der ‚Studienkompass' der Stiftung der Deutschen Wirtschaft, bieten dazu besondere Möglichkeiten, weil hier auch der Austausch mit Gleichaltrigen ermöglicht und vielfältige außerschulische Inspirationen geboten werden.

Eine weitere wichtige Komponente der Förderung ist die Unterstützung in der Berufswahl, beziehungsweise der damit verbundenen Wahl der weiterführenden Ausbildung. Junge Menschen dabei anzuleiten, ihren Horizont zu erweitern, um den ihnen gemäßen Beruf herauszufinden, ist eine bedeutsame und an deutschen Schulen allzu sehr vernachlässigte Aufgabe (Aktionsrat Bildung, 2023). Diese beginnt auch keineswegs erst in den letzten Klassen der Oberstufe. Wer schon früh an verschiedene Berufe herangeführt wird, bekommt eine Vorstellung davon, welche Kompetenzen für die Berufswahl ausschlaggebend sind und hat die Möglichkeit, diese über die Jahre aufzubauen. Wer in manchen Fächern zurückfällt oder sie gar abwählt, schränkt seine Möglichkeiten erheblich ein, manche Studiengänge und Ausbildungen sind dann einfach keine Option mehr.

Um das Interesse für bestimmte Ausbildungsziele und Berufe zu wecken, kann die den Schülern vorgelebte Begeisterung für das eigene Fach ebenso ausschlaggebend sein, wie die Heranführung an die praktische Anwendung der fachlichen Inhalte und die Ermutigung, Praktika zu absolvieren, um eine realistische Vorstellung vom Wunschberuf zu entwickeln. Eine gute Vor- und Nachbereitung können die Wirkung solcher praktischen Erfahrungen erheblich steigern. Auch Aufklärung über Entwicklungen im Arbeitsmarkt können wesentliche Unterstützung bieten, um junge Menschen auf zukunftsträchtige Berufe hin zu orientieren.

Das wichtigste bei der Förderung von Schülerinnen und Schülern ist die Ermutigung, etwas zu wagen und an sich selbst zu glauben, um den eigenen Weg zu finden und einzuschlagen. Darin besteht die wohl wertvollste Rolle der Lehrkraft und ihre eigentliche *Raison d'Être*. Ebenso wie das Verfolgen der übergeordneten Bildungsziele, braucht die Förderung individueller Talente eine umfassende Herangehensweise, die alle Dimensionen der Entwicklung in den Blick nimmt. Und auch hier wird klar, dass diese durch Unterweisen vorgefertigter Inhalte nicht vollständig abzudecken ist, sondern weiterreichende Ansprüche an den Lehrberuf stellt.

1.2. Was will ich mit Bildung erreichen?

Im Bildungswesen zu arbeiten, ist mehr als nur ein Job zum Geldverdienen. Lehrerin oder Lehrer zu sein bedeutet, eine große Verantwortung gegenüber Individuen, aber auch gegenüber der Gesellschaft zu übernehmen. Gleichzeitig eröffnet die Rolle der Lehrkraft einen großen Gestaltungsspielraum und damit das Potenzial für einen wirklich erfüllenden Beruf.

- Was willst du ganz persönlich mit deiner Arbeit als Lehrkraft erreichen?
- Wie siehst du deine Rolle als Lehrkraft im 21. Jahrhundert und welche Ziele verbindest du mit deiner Aufgabe?

Wer diese Fragen klar beantworten kann, ist nicht nur in der Lage, sein praktisches Handeln daraufhin zu prüfen und zu justieren. Sich Ziele zu setzen, hat eindeutig positive Auswirkungen auf unsere Motivation für den Beruf. Ein klares Ziel vor Augen zu haben, fokussiert unsere Aufmerksamkeit, richtet unser Handeln aus und verbessert unsere Handlungsmöglichkeiten. Wer weiß, wofür er oder sie sich einsetzt, dem steht ein Vielfaches mehr an Kraft zur Verfügung. Sobald wir uns über den Sinn unserer Tätigkeit im Klaren sind und wissen, welche übergeordneten Ziele wir damit verfolgen, fallen auch einzelne Entscheidungen viel leichter und wir gewinnen Kriterien, um die Qualität unserer Arbeit zu beurteilen.

Woraus genau man die stärkste Motivation zieht, ist eine individuelle Angelegenheit. Manche angehende Lehrkräfte haben ganz besondere Affinitäten, wie etwa Mädchen für Technik zu interessieren, die Integration von Menschen mit Behinderungen, die Verringerung der Zahl von funktionalen Analphabeten, die Förderung von Hochbegabten oder das Verhindern von Schulabbrüchen ohne Bildungsabschluss. Damit verbinden sie dann ganz spezifische Ziele und Aufgaben. Andere streben an, Bildung einzusetzen, um einen Beitrag zur Lösung der Herausforderungen unserer Zeit zu leisten.

Welches Thema erfüllt dich mit Begeisterung? Ob man im Einklang mit seinen Zielen und Idealen ist, merkt man dadurch, dass die Energie bei einer Beschäftigung mit dem Thema deutlich nach oben geht. Und das Gegenteil bekommt man spätestens dann zu spüren, wenn an die Stelle von Energie Schwere und Leere getreten sind.

Wahrscheinlich kennt jeder das Gefühl von positiver Energie, die von kleinen und großen selbstgesteckten Zielen ausgeht. Etwa dem Aufwand, den man mühelos betreibt, um sich für ein Date schön zu machen. Oder die unerschütterliche Motivation, für einen Marathon zu trainieren, anstatt nur pflichtbewusst seine Runden zu drehen und jeden Regenschauer als willkommene Entschuldigung fürs Zuhausebleiben zu akzeptieren. Ähnliches kann von Zielen ausgehen, die weit über das eigene Leben hinausreichen, ein gesellschaftliches Engagement, Einsatz für nachhaltige Veränderungen oder Schutz der Demokratie. Wer sich einer Sache widmet, die größer ist als er oder sie selbst, kann von eigenen kleinen Problemen des Alltags besser absehen und hat mehr Kraft zu Verfügung.

Die Motivation wirkt sich nicht nur auf das eigene Handeln aus, sondern auch auf die Ausstrahlung als Lehrkraft. Wenn ich weiß, warum ich etwas tue, wofür ich morgens aufstehe, habe ich ganz andere Möglichkeiten, andere zu inspirieren. Wer aus innerer Überzeugung heraus kommuniziert und anstatt mit dem pflichtbewussten ‚Was tue ich heute', den Tag mit dem Wissen um das ‚Warum' beginnt, wird auch eher in der Lage sein, junge Menschen zu beflügeln, sich mit solchen Themen zu beschäftigen und ihre Rolle in der Welt zu finden.

Beginnen wir also damit, die Skulptur unserer Arbeit als Lehrkraft aus dem Stein der Möglichkeiten zu meißeln und stellen die grundlegende Frage: Welches übergeordnete Ziel verfolge ich? In Bezug auf meine Schülerinnen und Schüler? In Bezug auf die Welt? In Bezug auf mich und meine Entwicklung?

ZUM NACHDENKEN: Deine Bildungsziele

Wenn du Bildung einmal groß denken möchtest, kannst du dir folgende Fragen stellen:

Schulbildung war schon immer dazu da, Kindern das zu vermitteln, was sie zu Hause nicht bekommen. Was bedeutet das im 21. Jahrhundert?

Warum gibt es Menschen, die sich der Probleme der Welt bewusst sind und zu einer positiven Entwicklung beitragen und andere, die entweder ignorant sind oder an der Zerstörung des Planeten aktiven Anteil haben? Was kann der Beitrag der Bildung sein, die eine oder andere Ausrichtung zu befördern?

Mit welcher Haltung, welchen Erwartungen und Erfahrungen will ich junge Leute in die Welt entlassen?

Was brauchen junge Leute, um zu starken, selbstbewussten Persönlichkeiten heranzuwachsen, die nicht nur in der Welt zurechtkommen, sondern sie auch positiv gestalten können? Welcher Bildungsauftrag ergibt sich daraus?

Was bedeutet es in der heutigen Welt, kompetent zu sein?

2 Zukunftskompetenzen

Egal, ob wir auf die Zukunft des Arbeitsmarktes schauen oder uns die Frage stellen, was notwendig ist, um die Probleme der Welt konstruktiv anzugehen und einen Beitrag zu einer nachhaltigen Entwicklung zu leisten, damit Wohlstand und ein friedvolles Leben auf unserem Planeten möglich sind – es werden immer die gleichen Kompetenzen dafür angeführt. Von analytischem und kritischem Denken über Kreativität und Empathie bis zur Resilienz sind das alles Fähigkeiten, die uns als Menschen auszeichnen. Diese genuin menschlichen, sozialen und emotionalen Fähigkeiten sind die Kompetenzen der Zukunft.

Übung:

Fähigkeiten moderner Lehrkräfte

2.1 Genuin menschliche Fähigkeiten

Wie wichtig diese Zukunftskompetenzen sind, ist an vielen Stellen bereits erkannt worden. So hat zum Beispiel die OECD, bekannt für die PISA Studie zu den klassischen kognitiven Fähigkeiten wie Lesen, Mathematik und Naturwissenschaften, eine neue Studie zur Erfassung von Zukunftskompetenzen bei Jugendlichen entwickelt, den Survey on Social and Emotional Skills (OECD, 2021). Eine Art PISA Studie für soziale und emotionale Fähigkeiten. Diese Studie ermöglicht erste Einsichten, wie gut die Zukunftskompetenzen bei 10- und 15-Jährigen an verschiedenen Orten der Welt ausgebildet sind und erweitert damit einen meinungsbasierten Diskurs um wertvolle und noch dazu international vergleichbare Fakten.

Über die grundlegende Frage hinaus, wie gut Kinder und Jugendliche heute diese Zukunftskompetenzen beherrschen, gibt es eine wachsende Forschungsliteratur, die sich damit beschäftigt, wie diese Kompetenzen systematisch entwickelt werden und belastbare wissenschaftliche Ergebnisse, die darauf hindeuten, das ausgeprägte soziale und emotionale Fähigkeiten ganz wesentlichen Anteil daran haben, wie erfolgreich junge Menschen in ihrer Bildungslaufbahn und später im Leben sind (Chernyshenko et al., 2018). Kinder und Jugendliche, die gut mit ihren Klassenkameraden auskommen, die bei Herausforderungen nicht gleich aufgeben, sondern sich Ziele setzen und diese auch erreichen können, haben im Leben allerhand Vorteile und diese fangen bereits in der Schule an.

Wenn Kinder und Jugendliche umfassend in ihrer Entwicklung gefördert werden, wirkt sich das nicht nur auf das Erlernen grundlegender kognitiver Fähigkeiten (die klassischen PISA Kompetenzen) in der Schule positiv aus (Durlak et al., 2011). Die Schülerinnen und Schüler mit ausgeprägten sozialen und emotionalen Fähigkeiten haben auch eine größere Wahrscheinlichkeit, weiterführende Bildungseinrichtungen zu besuchen und höhere Bildungsabschlüsse zu erzielen. Das hängt damit zusammen, dass die zentralen Komponenten der menschlichen Entwicklung, soziale, emotionale, kognitive und sprachliche Fähigkeiten alle miteinander zusammenhängen und sich gegenseitig bedingen. So können Stärken in einem Bereich, die Entwicklung anderer Bereiche begünstigen, ebenso wie Schwächen andere Entwicklungsbereiche hemmen können.

Das lässt sich ganz einfach an einigen Beispielen illustrieren. Wenn ein Kind Schwierigkeiten hat, seine Emotionen zu kontrollieren, also schwach ausgeprägte emotionale Fähigkeiten besitzt, wird es Mühe haben, sich auf eine Aufgabe zu konzentrieren. Dominieren Emotionen die Aktivitäten des Gehirns, werden Informationen nicht effektiv verarbeitet und abgespeichert und das Lernen ist beeinträchtigt. Ähnliches gilt für soziale Kompetenzen. Ein Kind mit guten Fähigkeiten zur Empathie wird leichter mit seinen Mitschülerinnen und Mitschülern auskommen und ist gut in den Klassenverband integriert. Das hilft, dass Lernen als sozialer Prozess ablaufen kann, beispielsweise Gruppenaufgaben leichter gelöst werden und weniger Ablenkungen durch Konflikte oder Anspannung und Angst entstehen, die dem Lernen hinderlich sind. Eine gesunde soziale und emotionale Entwicklung ist also die Voraussetzung dafür, dass Lernen und die Entwicklung kognitiver Kompetenzen, auf die in der formalen Bildung so überwiegend Wert gelegt wird, stattfinden.

Soziale und emotionale Fähigkeiten spielen aber auch im weiteren Lebensverlauf eine wichtige Rolle. Wir haben bereits im ersten Kapitel gesehen, dass diese Kompetenzen im Arbeitsmarkt immer stärker nachgefragt werden. Sie helfen dabei, einen Rekrutierungsprozess mit Erfolg zu durchlaufen und später im Job erfolgreich zu sein. Langzeitstudien haben auch gezeigt, dass Menschen mit ausgeprägten sozialen und emotionalen Fähigkeiten nicht nur erfolgreicher im Arbeitsleben sind (Brunello & Schlotter, 2011), sondern auch von einer besseren mentalen und physischen Gesundheit profitieren, gesellschaftlich engagierter sind und eine geringere Wahrscheinlichkeit für soziale Probleme wie Kriminalität haben (Greenberg et al., 2017).

Das kommt nicht zuletzt auch dem Staat und damit im zweiten Schritt der Gesellschaft zu Gute, denn Personen in stabilen Arbeitsverhältnissen und mit hoher Produktivität leisten einen höheren Einkommenssteuerbeitrag. Ebenso dürfte ein Rückgang von Gewalt, Drogenkonsum, kriminellem Verhalten und psychischen Problemen – im Zusammenhang mit stärkeren sozialen und emotionale Fähigkeiten – zu einem geringeren Bedarf an staatlichen Dienstleistungen und letztlich zu geringeren Ausgaben öffentlicher Gelder führen (Jones et al., 2016). Es gibt also eine Vielzahl guter Gründe, in diese Fähigkeiten zu investieren.

Das besondere an menschlichen Fähigkeiten ist, dass sie individuell ausgeprägt sind. Während es in der Mathematik eine richtige Formel gibt und englische Grammatik feststehenden Regeln gehorcht, sind die menschlichen Fähigkeiten jeweils unterschiedlich ausdifferenziert. Mut zu beweisen etwa, kann für einen Menschen bedeuten, auf einer Bühne einen Vortrag zu halten, während es für einen anderen eine allein unternommene Reise bedeutet. Ganz besonders deutlich wird die individuelle Variabilität natürlich bei der Kreativität, der wohl wichtigsten Zukunftskompetenz überhaupt. In einer Welt, in der sich Dinge permanent ändern, Jobs entstehen, die wir uns heute noch nicht einmal vorstellen können und immer neue Probleme und Krisen auf uns zukommen, ist der Einsatz von Kreativität permanent gefragt. Eigenständiges, kreatives Denken ermöglicht, neue und relevante Lösungen für Probleme zu entwickeln. Kreativität bedeutet auch, einen individuellen Ausdruck zu finden. Damit ist sie nicht nur nützlich und zukunftsweisend, sondern ein essenzieller Teil davon, was es heißt, Mensch zu sein.

2.1.1 Fördert Schule Zukunftskompetenzen?

Wie wir gesehen haben, gibt es bereits eine sehr große und ausdifferenzierte Forschungsliteratur, die zeigt, dass sich soziale und emotionale Fähigkeiten und ihre Stärkung in jungen Jahren sowohl positiv auf die Ausbildung der kognitiven Fähigkeiten in der Schule, als auch auf eine ganze Reihe von Erfolgsfaktoren im späteren Leben auswirken, von der Bildungslaufbahn, über die Arbeit, bis hin zu Risikoverhalten, Beziehungen und Gesundheit.

Daher stellt sich die naheliegende Frage: werden diese Aspekte der menschlichen Entwicklung in der Bildung systematisch gefördert? Oder anders gefragt, wenn es die Aufgabe der Bildung ist, kreative, eigenständig denkende Menschen heranzuziehen, die in der Lage und bereit sind, eine lebenswerte Zukunft zu bauen, fördern wir diese Fähigkeiten systematisch und nachhaltig in der Schule? Die ernüchternde Antwort ist Nein.

Die Tatsache, dass Schulen diesem Auftrag nicht gerecht werden, ist bereits viel und mitunter sehr eloquent kritisiert worden. Sir Ken Robinsons Rede aus dem Jahr 2006, ‚Do Schools Kill Creativity?', ist einer der meist geschauten TED Talks aller Zeiten und spricht offensichtlich einer stets wachsenden Zahl digitaler Zuhörer aus der Seele. Seine eindeutige Antwort ist: "Yes, they do" (Robinson, 2006). Inzwischen gibt es zu seinen vielen anekdotischen Beobachtungen auch konkrete Daten. Diese zeigen tatsächlich, dass die Kreativität von 15-Jährigen im Vergleich zu den 10-Jährigen abnimmt, egal in welcher Region sie leben, unabhängig vom Geschlecht, und auch der soziale Hintergrund hat auf dieses klare Resultat keine Auswirkungen. Dazwischen liegen 5 Jahre Schule (Abb. 2.1).

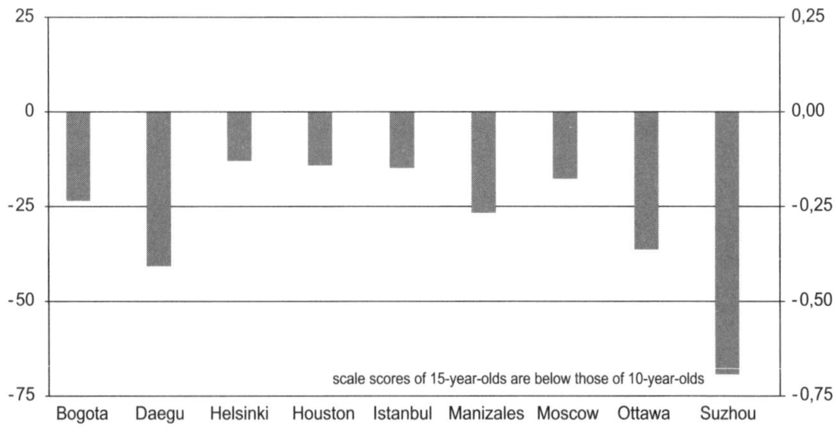

Abb. 2.1: Kreativitätsverluste bei Jugendlichen. Die Nulllinie entspricht dem Stand der 10-jährigen. Adaptiert von Beyond Academic Learning. A Survey on Social and Emotional Skills (S. 115) OECD, 2021, OECD Publishing.

Wenn Kreativität allenthalben als so wichtig anerkannt wird, wie kann es zu diesen Ergebnissen kommen? Für den Kreativitätsforscher Mitchel Resnick sind in der Bildung überall die falschen Prioritäten etabliert. “Most schools in most countries place a higher priority on teaching students to follow instructions and rules (becoming A students) than on helping students develop their own ideas, goals, and strategies (becoming X students)” (Resnick, 2017, S. 8). In seinem Buch ‚Lifelong Kindergarten‘ fordert er, dass anstatt bereits Kindergärten mit Lernplänen und ernsten Programmen immer mehr der Schule anzupassen, sollten umgekehrt Schulen und das lebenslange Lernen wie ein Kindergarten werden. Also ein Ort, wo man zusammen mit anderen in realen Situationen lernt, wo Kreativität gefördert wird und das Spielerische und die Begeisterung überwiegen.

Wenn wir uns anschauen, wie Kreativität funktioniert und was in den meisten Klassenräumen abläuft, so wird schnell klar, wie diese Studienergebnisse zustande kommen. Zwar ist Kreativität neben anderen Zukunftskompetenzen Teil vieler offizieller Lehrpläne. Aber damit sich kreative Fähigkeiten tatsächlich entfalten können, müssen diese lebendig umgesetzt und dazu vor allem die richtigen Bedingungen geschaffen werden. Das lässt sich an ein paar Thesen festmachen:

- Prüfungen sind Feinde divergenten Denkens. Wo es eine richtige und falsche Antwort gibt, kann sich kein freies Denken entfalten.
- Volle Curricula lassen keinen Raum für unerwartete Ereignisse und das ungeplante und nicht spezifisch zielgerichtete Explorieren.
- Rigide Schulrhythmen aus immer gleichen Stunden- oder Doppelstundenabläufen machen das Entwickeln von Projekten und das Experimentieren über einen längeren Zeitraum schwierig.
- Kreativität verlangt, dass man Autoritäten und tradiertes Wissen in Frage stellt und seine eigenen Vorstellungen und Interpretationen einbringt.

Kritiker der heutigen Schulbildung sind sich darin einig, dass eine immer größer werdende Diskrepanz besteht zwischen dem, was von der Bildung gefordert wird, um adäquat auf die Entwicklungen in der Welt zu antworten und der Art, wie sich die Lehre in Bildungseinrichtungen mehrheitlich in der Praxis präsentiert. Wir können es uns nicht mehr leisten, Kompetenzen wie Kreativität nur theoretisch in Lehrplänen zu verankern und mit veralteten Methoden und Strukturen Talente veröden und wertvolle Kompetenzen brach liegen zu lassen. Die nun zugänglichen Daten gießen weiteres Wasser auf die Mühlen der Kritiker, wie es bereits der PISA-Schock Anfang der 2000er Jahre getan hat, der Deutschland demonstrierte, dass es keineswegs die Bildungsnation ist, für die es sich immer gehalten hat.

Aber parallel zu diesem Negativgutachten verdichten sich auch Erkenntnisse, wie soziales und emotionales Lernen stattfinden kann. Und immer mehr Initiativen und Programme liefern Beispiele erfolgreicher Praxis, die als Vorbilder und Inspirationsquellen dienen können. Diesen müssen wir uns zuwenden, sie studieren und anwenden, wenn wir einen konkreten Beitrag dazu leisten wollen, Bildung zukunftsgewandt zu praktizieren, anstatt im Wunschdenken zu verharren oder aktuelle Missstände zu bedauern. Jede Lehrkraft hat die Möglichkeit, hier einen wertvollen Beitrag zu leisten. Im Folgenden schauen wir uns an, wie diese Zukunftskompetenzen entwickelt werden können, welche Bedingungen dafür nötig sind und welche Voraussetzungen Lehrkräfte dafür mitbringen müssen.

2.1.2 Zukunftskompetenzen entwickeln

Die gute Nachricht zuerst: Zukunftskompetenzen kann man gezielt entwickeln und trainieren. Dazu ist erst einmal eine grundlegende Unterscheidung festzuhalten. Viele denken, soziale und emotionale Fähigkeiten wie Kreativität oder Empathie seien Charaktereigenschaften, die einen Menschen auszeichnen. Also grundsätzliche Anlagen, die eine Person entweder hat – oder eben nicht. Fakt ist aber vielmehr, dass Menschen zwar unterschiedlich veranlagt sind, wie es auch unterschiedliche Begabungen und Neigungen für Mathematik, Sport oder Sprachen gibt, dass aber alle Menschen in der Lage sind, diese genuin menschlichen Fähigkeiten auszubauen.

Inzwischen ist recht gut bekannt, wie das am besten geschieht. Viele forschungsbegleitete Initiativen geben Aufschluss darüber, welche Methoden funktionieren und unter welchen Bedingungen diese Kompetenzen nachweisbar entwickelt werden. Eine umfassende Metastudie hat herausgefunden, dass allen erfolgreichen Programmen vier Prinzipien zugrunde liegen, die sich im englischen Akronym SAFE zusammenfassen lassen (Durlack & Weissberg, 2010). Diese Prinzipien des sozialen und emotionalen Lernens lauten: sequenziell, aktiv, fokussiert und explizit.

Besonders eignen sich die kreativen und ‚aktiven' Fächer, wie Kunst, Musik, Handwerk, Theater und Sport für den Aufbau dieser Fähigkeiten. Aber auch alle anderen, eher kognitiv betonten Fachrichtungen bieten Möglichkeiten, anhand der jeweiligen Thematik diese Fähigkeiten zu erproben und einzusetzen. Wichtig dabei ist, dass das Üben von sozialen und emotionalen Fähigkeiten nicht einmal, punktuell geschieht, sondern sequenziell, also immer wieder in Trainingseinheiten eingebaut wird, mit denen diese Fähigkeiten geübt und erweitert werden. Auch geschieht dieses Lernen nicht nebenbei, sondern es braucht explizite, ungeteilte Aufmerksamkeit und auch einen spezifisch darauf ausgerichteten Fokus. Man kann nicht davon ausgehen, dass Teamfähigkeit sich automatisch einstellt, nur weil eine Gruppenarbeit aufgegeben wird. Vielmehr müssen die Aspekte guter Teamarbeit ausdrücklich thematisiert werden, damit ein effektives Lernen auch stattfindet.

Das wohl wichtigste Prinzip des sozialen und emotionalen Lernens ist jedoch, dass solches Lernen immer aktiv sein muss, um wirkungsvoll zu sein. Soziales und emotionales Lernen unterscheidet sich damit ganz entscheidend vom klassischen Lernen durch Unterweisen und Übermitteln von Informationen. Denn solche Fähigkeiten werden sich nur dann entfalten, wenn man Gelegenheit hatte, sie zu erproben. Zwar kann man ein paar grundlegende Zusammenhänge auch jeweils altersgerecht erklären, etwa was Emotionen überhaupt sind, wie man sie nennen kann und warum es sinnvoll ist, sich damit zu beschäftigen. Aber wenn ein Fortschritt in der Emotionsregulation stattfinden soll, dann erfordert das, diese Fähigkeit unmittelbar und aktiv zu erproben und einzuüben.

Es geht also darum, echte Erfahrungen zu machen und diese Erfahrungen zu reflektieren, um sein Repertoire an sozialen und emotionalen Fähigkeiten auszuweiten. Die Voraussetzung für neue Erfahrungen ist, dass wir es wagen, uns auf ein neues und unbekanntes Terrain zu begeben, auf dem wir solche Erfahrungen tatsächlich machen können. Offenheit für Neues und Unsicherheitstoleranz sind die wichtigsten Voraussetzungen für dieses neue Lernen. Daher wird die Art und Weise, wie und unter welchen Bedingungen gelernt wird, noch viel bedeutsamer. In den Vordergrund tritt hier immer stärker die förderliche Lernbeziehung und die Persönlichkeit der Lehrkraft, die diese Beziehung verantwortet und Anlässe für entwicklungsfördernde Erfahrungen schafft.

Schließlich kann auch die berechtigte Frage gestellt werden, wie man überprüfen kann, dass tatsächlich Fortschritte in der Entwicklung von sozialen und emotionalen Fähigkeiten gemacht werden. Wie kann ich als Lehrkraft nachweisen, dass ich diese Kompetenzen tatsächlich fördere?

Dafür gibt es bereits eine ganze Reihe von Herangehensweisen, an denen man sich orientieren kann. Die bereits erwähnten internationalen Studien arbeiten mit ausgeklügelten psychometrischen Messinstrumenten. Diese werden in Form von Fragebögen zur Selbst- beziehungsweise Fremdeinschätzung an Schülerinnen und Schüler beziehungsweise ihre Lehrkräfte und teilweise auch ihre Eltern verteilt. Dort werden einzelne Kompetenzen dann in Fragen gegossen, die eine Einschätzung, typischerweise auf einer Skala, ermöglichen. Diese Fragebögen zu verschiedenen sozialen und emotionalen Fähigkeiten können etwa folgende Formen annehmen:

Kategorie	**Kompetenz**	**Wie gut bin ich darin, …**
Kooperation	Soziale Wärme	… andere zum Schmunzeln zu bringen.
Soziale Fähigkeiten	Führung	… eine Gruppe zu leiten.
Emotionskontrolle	Stressregulation	… in stressigen Situationen ruhig zu bleiben.
Selbstorganisation	Zielsetzung	… mir klare Ziele zu setzen.
Innovation	Kreativität	… neue Lösungsansätze zu finden.

Eine etwas weniger aufwändige Methode ist das Führen von Lerntagebüchern. Regelmäßig schriftlich über bestimmte Themen zu reflektieren, schafft einerseits Gelegenheiten, das Beobachten und Nachdenken über sich auch im Austausch mit anderen anzuregen. Wenn etwa eine Gruppenübung stattfand, kann man sowohl die inhaltlichen Resultate besprechen, als auch darauf eingehen, wie gut die Gruppe zusammengearbeitet hat, was jeder beigetragen hat und in wieweit man es geschafft hat, ein gemeinsames Ziel zu verfolgen. Tagebucheinträge bieten außerdem Vergleichsmöglichkeiten. Man kann auf frühere Aufzeichnungen zurückgreifen und den Ist-Zustand damit vergleichen und so mögliche Fortschritte ablesen.

2.1.3 Ein förderliches Lernumfeld schaffen

Schulen sind im Idealfall Orte, an denen Dinge geboten werden, die außerhalb der Bildungseinrichtung nicht so leicht zugänglich sind. Früher war es ganz klar der Zugang zum Wissen, das nur die Lehrerin oder der Lehrer besaßen und das möglicherweise noch in einer Bibliothek erreichbar war. Das war organisatorisch recht einfach zu lösen und die daraus resultierenden Unterrichtsformen und -räume waren durchaus angemessen. Heute ist das Wissen frei verfügbar. Jetzt geht es vielmehr um den Umgang mit diesem Wissen und den im Übermaß angebotenen Informationsquellen. Und es geht darum, Gelegenheiten zu schaffen, Zukunftskompetenzen zu erproben. Das erfordert ein ganz anderes Lernumfeld und auch hier klaffen Erfordernisse und Praxis häufig weit auseinander.

Wenn wir noch einmal die Fähigkeit der Kreativität herausgreifen, dann ist leicht zu identifizieren, welches Lernumfeld nötig ist, damit kreative Kompetenzen sich entfalten. Ein für Kreativität förderliches Lernumfeld zeichnet sich aus durch:

- Möglichkeiten zum spielerischen Experimentieren und Entdecken
- eine Lernatmosphäre, in der Kinder sich sicher fühlen, Risiken einzugehen und Fehler zu machen
- ein Gefühl von Engagement und Eigenverantwortung für Ideen und Aufgaben
- spannende Aktivitäten, die in ungewöhnlichen Kontexten präsentiert werden
- Gelegenheit für freies Denken und Gestalten, bei der Ideen offen begrüßt werden
- Gelegenheit zur kritischen Reflexion in einem unterstützenden Umfeld
- Respekt vor Unterschieden und der Kreativität anderer
- Wahlmöglichkeiten für Kinder in Bezug auf Ressourcen und Methoden

Solche Bedingungen einzurichten, ist keine Utopie. Es gibt eine große Zahl von Projekten und Initiativen, die sehr erfolgreich Kreativität in die Schulen bringen, indem sie das richtige Lernumfeld dafür schaffen. Von diesen Beispielen kann man sich für die eigene Praxis inspirieren lassen:

Kreativpartnerschaften – Aufbau von Partnerschaften zwischen Kreativprofis, wie Musikern, Filmemachern, Designern oder Künstlern und Schulen, um Schülerinnen und Schülern kreative Praktiken näher zu bringen und sich die kreativen Kompetenzen direkt in den Klassenraum zu holen.

Projektbasiertes Lernen – ein interdisziplinärer Unterrichtsansatz, um Kindern und Jugendlichen ein Verständnis dafür zu vermitteln, wie Dinge in der realen Welt miteinander verbunden sind und sie in Teamkonstellationen über einen längeren Zeitraum experimentieren und gestalten zu lassen.

Design Thinking – ein aus der Wirtschaft übernommener Ansatz, bei dem Schülerinnen und Schüler Lernerfahrungen machen, die sie mit realen Problemstellungen aus Wirtschaft oder Gesellschaft konfrontieren und zu deren Lösung sie wie Designer konstruktiv denken und handeln müssen.

Lifelong Kindergarten – der von Professor Mitchel Resnick am MIT Media Lab entwickelte Ansatz zur Förderung von Kreativität durch die vier Ps: Projects, Passion, Peers, Play (Resnick, 2017).

Tinkering Labs – ein Bildungsraum voller Equipment und Werkzeuge, in dem junge Menschen experimentieren und wie ein Wissenschaftler oder Erfinder erkunden können (von ‚to tinker' – basteln, tüfteln), um ihre Neugier zu wecken und ein Interesse an MINT und Innovation zu entwickeln.

2.1.4 Im Element sein

Genuin menschliche Fähigkeiten wie Kreativität, Empathie oder Resilienz gezielt zu fördern, eröffnet Möglichkeiten, die für jeden Einzelnen, aber auch für die gesamte Gesellschaft von großem Wert sind. Von einer zentralen, allen anderen übergeordneten Zukunftskompetenz haben wir bisher noch kaum gesprochen. Und das ist die, seinen eigenen Weg zu finden.

Diesen Weg kann die Schule ebnen, verbauen oder gänzlich zuschütten. Die dafür nötige Ausgangsfrage ‚Was willst du lernen?' wird viel zu selten gestellt, dabei ist sie die eigentlich Wesentliche. Nie kann es darauf nur eine Antwort geben, wie es Schulcurricula suggerieren. Die Antwort liegt in jedem Einzelnen. Das sind die Talente und Interessen, die entdeckt und gefördert werden können. Wer im jungen Alter bereits lernt, wie man herausfindet, was man will, wohin es einen zieht, wo man aufblüht, der bekommt einen Schlüssel in die Hand, der das ganze Leben aufschließt.

Der britische Autor und Vordenker von Bildung, Sir Ken Robinson hat diesem Thema ein umfassendes Buch gewidmet mit dem Titel ‚The Element' (Robinson, 2010). In diesem Werk beschreibt er ein Bildungsideal, für das er sich sein ganzes Leben lang eingesetzt hat: dass die Schule ein Ort wird, wo Menschen in ihr Element finden können, anstatt sich immer weiter davon zu entfernen. In seinem Element zu sein, bedeutet, seinen eigenen Weg zu gehen, begeistert zu leben, autonom seine Zukunft in die eigenen Hände zu nehmen und etwas Relevantes zu tun.

Die meisten Menschen leben nicht in ihrem Element. Dabei ist das der Schlüssel zu einem erfüllten Leben, das sich wohl alle wünschen. Warum ist das so? Laut Ken Robinson hat es damit zu tun, dass die meisten Menschen sich ihrer Talente und Möglichkeiten gar nicht bewusst sind. Daran hat die Schule einen bedauerlichen Anteil. Durch die eng gesteckten Lernziele, die Hierarchie der Fächer und den starken Fokus auf akademische Fähigkeiten und das Vernachlässigen anderer, mehr künstlerischer, handwerklicher oder sportlicher Bereiche, entwickeln manche das Gefühl, dass sie in gar nichts gut sind, weil sie keine Möglichkeit bekommen, ihre spezifischen Talente unter Beweis zu stellen und darin Anerkennung zu bekommen.

Dieser Beobachtung liegt die Erkenntnis zu Grunde, dass es nicht eine Intelligenz gibt, die verschieden stark ausgeprägt sein kann, sondern vielmehr viele verschiedene Intelligenzen existieren. Daher ist die richtige Frage laut Robinson auch nicht ‚How intelligent are you', sondern ‚How are you intelligent'? Die Intelligenz einer Person ist so individuell wie ihr Fingerabdruck und daher muss sie auch individuell erkannt und gefördert werden.

Menschen finden auch deshalb nicht in ihr Element, weil ihnen das Zutrauen in die eigenen Fähigkeiten fehlt und sie ihre Kapazitäten für Wachstum und Veränderung unterschätzen. Viele legen im Verlauf ihrer Kindheit und Jugend die Beschäftigung mit ihren Leidenschaften immer mehr zur Seite, weil sie befürchten, dass sie damit keinen sicheren Job bekommen. Aber welcher Job ist heute überhaupt noch sicher? Viele ehemals sehr stabile Berufsbilder verschwinden, dafür entstehen ganz neue, deren Ausgestaltung und Ausübung vor allem unsere kreativen Fähigkeiten, also unseren ureigenen Ausdruck und unsere spezifische Intelligenz benötigen. Diese zu fördern, ist daher die beste Versicherung für die Zukunft.

Und es ist die stärkste Quelle von Lebenszufriedenheit, in seinem Element, oder wie Robinson es auch ausdrückt ‚in the zone' zu sein. “One of our strongest signs of being in the zone is a sense of freedom and of authenticity. When we are doing something that we love and are naturally good at, we are much more likely to feel centered in our true sense of self – to be who we feel we truly are” (Robinson, 2010, S. 90). Und Lehrkräfte, die in ihrem Element sind, sind nicht nur zufrieden, sondern auch die besten Unterstützer für andere: “This is another secret of being in the zone, that when you are inspired, your work can be inspirational to others” (Robinson, 2010, S. 96).

So ist es für alle Beteiligten am besten, wenn Lehren und Lernen authentisch, den Talenten und Intelligenzen gemäß ‚in the zone' passiert. Das gilt für die Schülerinnen und Schüler ebenso, wie für die Lehrkraft. Wer seinen Weg gefunden hat, den

Lehrberuf so auszuüben, wie es ihm gemäß ist, der kann es schaffen, ganz in ihm aufzugehen. Wer den Sinn in seiner Arbeit sieht und diese Arbeit ganz nach den eigenen Fähigkeiten verrichtet, der wird in seinem Element sein. Die Tätigkeit des Unterrichtens wird leicht und zu einem Zustand der tiefen Verbundenheit mit der Sache und den Menschen, die sie betrifft – Unterrichten im Flow.

Nach der Definition des Psychologieprofessors Mihály Csíkszentmihályi (2015) ist Flow ein äußerst beglückender Zustand, in dem alles zu fließen scheint, ein restloses Aufgehen in einer Tätigkeit, die einem mühelos gelingt, ein derartiges Vertiefen, dass jegliches Zeitgefühl verloren geht. Dieses Gefühl beschreiben Extremsportler, Musiker und Tänzer. Aber auch andere Berufsgruppen können solche Erlebnisse schildern. Wissenschaftler, die Essen und Trinken vergessen, weil sie völlig in die Lösung eines Problems versunken sind – und Lehrkräfte.

Viele Lehrerinnen und Lehrer können von Momenten des Flows im Unterricht berichten. Wenn zusammen herzlich gelacht wurde, wenn alle konzentriert bei der Sache waren oder wenn die Erarbeitung eines Themas spielerisch und wie von selbst gelingt.

Flow findet statt, wenn eine Person weder über- noch unterfordert ist, Anforderung und Fähigkeit halten sich die Waage. Flow ist dabei ein Zustand, keine Technik oder Strategie. Ihm gehen viele Stunden des Übens und der Auseinandersetzung mit der Tätigkeit voraus. Und jetzt kommt das Wichtigste: Auch mit viel Üben kann man Flow in keiner Weise erzwingen oder kontrolliert herbeiführen. Flow Momente entstehen, wenn alles in Harmonie ist.

Geigenbauer und Autor Martin Schleske beschreibt das so: „Die wesentlichen Dinge kannst du nicht machen, sondern nur empfangen. Aber du kannst dich empfänglich machen" (Schleske, 2016, S. 169). Er formt das Holz, um die Möglichkeit zu schaffen, dass dort Töne erklingen. Eine schöne Metapher für Bildung: junge Menschen zu formen, damit sie strahlen und ihre Talente lebendig, wie Musik erklingen lassen können.

Resonanz nennt der deutsche Soziologe Hartmut Rosa Augenblicke, bei denen wir mit uns, anderen Menschen und unserer Umwelt ganz im Einklang sind (Rosa, 2019). Solche Momente kann man nicht willentlich herbeiführen. Unsere heutige Welt ist besessen von dem Begehren, alles verfügbar zu machen. Lebendigkeit, Berührung und echte Erfahrungen aber entstehen in der Begegnung mit dem Unverfügbaren. Wie der Schnee, so formuliert Rosa, der uns ohne unser Zutun an einem Tag im Spätherbst wie etwas Scheues besuchen kommt und zwischen den Fingern zerrinnt (Rosa, 2020).

2.2 Wie werde ich eine Lehrkraft für Zukunftskompetenzen?

Im Zentrum der Frage, wie das Entwickeln von Zukunftskompetenzen gelingt, steht wiederum die Lehrkraft. Sicher ist es wichtig und hilfreich, die Bedeutung dieser Kompetenzen zu verstehen und die Mechanismen und Bedingungen zu kennen, die ihr Erlernen fördern. Die wichtigste Voraussetzung für die Arbeit der Lehrkraft in der Förderung dieser Fähigkeiten ist jedoch, sie selbst zu beherrschen, beziehungsweise sich mit der Entwicklung dieser Kompetenzen persönlich auseinandergesetzt zu haben. Und zwar nicht nur in der Theorie, sondern gemäß der oben genannten ‚SAFE'-Prinzipien, das heißt sequenziell, aktiv, fokussiert und explizit. Das erscheint nur logisch, denn man würde auch keinen Mathematikunterricht von einer Person erwarten, die nicht über vertiefte Kenntnisse des Faches Mathematik verfügt und die dazugehörige Fachdidaktik studiert hat und erfolgreich anwendet.
Wenn wir uns noch einmal dem Thema Kreativität zuwenden, dann bedeutet das beispielsweise, mehr Fragen zu stellen als schon vorhandene Antworten zu liefern und eine entspannte Einstellung gegenüber Fehlern zu haben. Es bedeutet auch, vertrauensvolle Beziehungen aufzubauen, in denen Schüler den Mut haben, sich auszudrücken und Themen zu erforschen, die über Richtig-oder-Falsch-Lösungen hinausgehen. Und vor allem bedeutet es, sich wieder mit der eigenen Kreativität zu verbinden.
Junge Menschen müssen heute anders ausgebildet werden. Es geht nicht darum, vorhandenes Wissen zu vermitteln und abzufragen, sondern darum, offene Prozesse zu begleiten, die sich den realen Problemen der vielfältigen und veränderungsreichen Welt zuwenden. Der Klassenraum muss sich dieser Realität anpassen. Das erfordert eine andere Haltung zur Rolle der Lehrkraft und andere pädagogische Praktiken. Damit Lehrkräfte eine solche Form von Bildung betreiben und diese Entwicklungsprozesse begleiten können, müssen sie selbst umfangreiche Fähigkeiten besitzen. Neben den klassischen didaktischen Kompetenzen der Wissensvermittlung, des Erklärens, Beratens und Evaluierens und einigen neu hinzu gekommenen technischen Kenntnissen im Bereich Digitales und Medienkompetenz brauchen Lehrkräfte im 21. Jahrhundert einen ganzen Strauß an Fähigkeiten:

Einfühlungsvermögen	Lernfähigkeit	Offenheit
Perspektivenwechsel	Kommunikation	Teamfähigkeit
Belastbarkeit	Konfliktfähigkeit	Zivilcourage
Resilienz	Fairness	Reflexionsvermögen
Zeitmanagement	Emotionskontrolle	Toleranz
Organisationsmanagement	Weitsicht	Kritikfähigkeit
Wertekompetenz	Humor	Zuverlässigkeit

Durchsetzungsfähigkeit	Geduld	Begeisterungsfähigkeit
Stimmeinsatz	Selbstsicherheit	Verantwortung
Körperhaltung	Motivation	Kreativität
Anpassungsfähigkeit	Selbstmotivation	Gelassenheit

Mit der Entwicklung dieser persönlichen Fähigkeiten beschäftigen sich die weiteren Kapitel des Buches. Gemäß den hier vorgestellten Grundsätzen wird es in jedem Kapitel konkrete Übungsvorschläge und Anregungen zur persönlichen Reflexion und zum Erstellen eigener Lerndesigns geben.

ÜBUNG: Fähigkeiten moderner Lehrkräfte

Wie schätzt du dich in Bezug auf diese Kompetenzen ein? Zeichne ein Koordinatensystem mit vier Quadranten. Die horizontale Achse führt von ‚weniger wichtig zu sehr wichtig' und die vertikale von ‚beherrsche ich bereits gut zu beherrsche ich weniger gut'. Dann nimm dir die Liste vor und verteile die Kompetenzen auf die vier Felder.
Welche Begriffe stehen bei dir im oberen rechten Quadranten (sehr wichtig und kann ich weniger gut)?

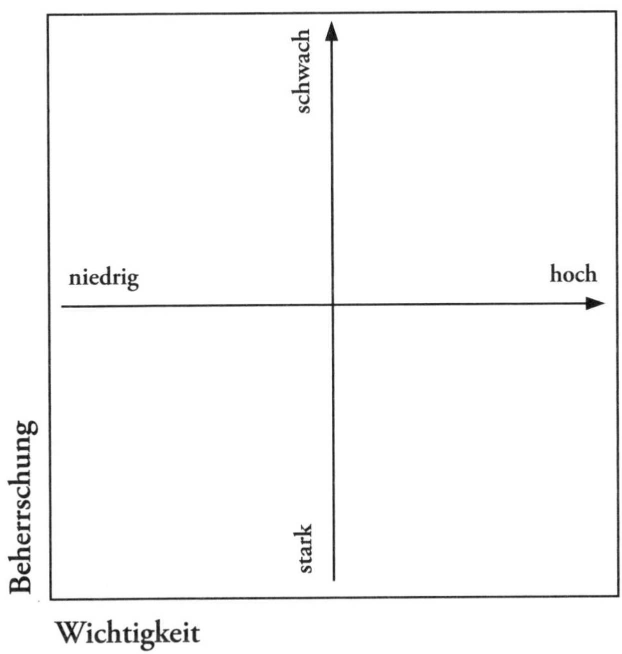

3 Professionelle Identität

Nach ihrem Beruf gefragt, antworten viele Lehrkräfte, dass es die schönste und erfüllendste Aufgabe ist, die sie sich vorstellen können. Gleichzeitig gibt es Lehrkräfte, die völlig frustriert und ausgebrannt den Job verlassen. Was macht den Unterschied aus? Es gibt sicher individuelle Erklärungen und Besonderheiten in den jeweiligen Umständen, aber wir kennen auch einige objektive Faktoren, anhand derer man diese Frage beantworten kann. In diesem Kapitel wenden wir uns dem ersten dieser Faktoren zu, der professionellen Identität.

Übungen:

Berufliches Selbstverständnis

Eigene Werte

Dein Berufsideal

Schulerinnerungen

Biografische Einflussfaktoren

Anspruch vs. Realität

Zum Nachdenken:

Deine Haltung zum Beruf

Methoden zur Selbstprüfung

Eigene und fremde Motivatoren

3.1 Persönlichkeit als Werkzeug

Erfolgreiche Lehrkräfte sind starke und kohärente Persönlichkeiten. Die Person (‚Wer ich bin‘) ist bei diesen Lehrkräften mit der Rolle (‚Was ich tue‘) in Einklang. Sich sehr gut zu kennen, eigene Werte und Ideale von fremden Erwartungen zu unterscheiden und eine klare Vorstellung davon zu haben, was mit der eigenen Arbeit erzielt werden kann, ist die Grundlage für diese Übereinstimmung.

Lehrkräfte, die ein ausgeprägtes Selbstbewusstsein und eine klare Vorstellung von ihrer Aufgabe haben, sind in der Lage, ihre pädagogische Freiheit zu nutzen, ihre Persönlichkeit in die Arbeit einzubringen und ihren Unterricht so zu gestalten, wie sie es für richtig halten. Sie finden ihren individuellen Zugang zur Lehrtätigkeit und entwickeln eine für sie passende Art, mit jungen Menschen zu arbeiten. Jenseits von Fachwissen und Didaktik gibt es also eine Herangehensweise an die pädagogische Arbeit, die sehr individuell ist und von der jeweiligen Persönlichkeit bestimmt wird. Es ist genau deine Art, den Beruf auszuüben, sie entspricht voll und ganz deiner Person.

Aus der Forschung wissen wir, dass eine klare und kohärente professionelle Identität sich positiv auf das Engagement der Lehrkraft auswirkt, die Wahrscheinlichkeit, lange und zufrieden im Beruf zu bleiben, erhöht und gute Schülerleistungen befördert (Suarez & McGrath, 2022). Ergebnisse von OECD Studien zum Lehren und Lernen zeigen, dass Lehrkräfte, die positive Überzeugungen bezüglich ihrer Selbstwirksamkeit und Jobzufriedenheit haben, auch eher an Aktivitäten der beruflichen Weiterbildung teilnehmen (OECD, 2019). Diese Investitionen stehen wiederum in Zusammenhang mit effektiver Unterrichtspraxis und guter Unterrichtsqualität.

Was ist also unter dem Begriff der professionellen Identität genau zu verstehen? Üblicherweise beschreibt man damit einerseits die Werte und Ideale einer Person und deren Haltung und Motivation gegenüber dem Beruf. Andererseits bezieht sie sich auf die Vorstellung von professioneller Qualität, den dazu nötigen Fähigkeiten und den Möglichkeiten, diese Fähigkeiten wirkungsvoll einzusetzen. Um sich über seine professionelle Identität klar zu werden, ist es nötig, sich selbst genau zu beobachten und folgende Fragen zu reflektieren:

- Wie sehe ich meine Rolle als Lehrkraft?
- Warum habe ich den Lehrerberuf gewählt? Ist das tatsächlich mein Wunschberuf?
- Was zeichnet mich aus, was sind meine besonderen Talente?
- Was ist mir wichtig? Was möchte ich mit meiner Arbeit erreichen?

Die professionelle Identität wird durch unterschiedliche Einflüsse geformt. Dazu gehören neben fachlichen Studien auch eigene Lern- und Lehrerfahrungen, professionelle Beziehungen, der Austausch mit anderen Lehrkräften, Mentoren und

Vorbildern und persönliche und gemeinschaftliche Reflexionen über die eigene berufliche Praxis.

Die professionelle Identität zu entwickeln, ist eine lebenslange Aufgabe. Sie ist nicht statisch, sondern kann sich im Verlaufe eines Berufslebens mit der Erfahrung und durch Interaktion mit der beruflichen Umgebung und dem soziokulturellen Kontext ändern. Erwartungen und Ansprüche von außen, professionelle Kontakte, das Schulklima und die Schulführung haben einen Einfluss auf das Selbstverständnis. Und viele dieser Faktoren können dich auch von deinem Weg und deinem Ideal abbringen, weswegen es nötig ist, sich immer wieder zu befragen, ob die gelebte Praxis noch im Einklang mit den eigenen Werten und Idealen ist, um ein authentisches Auftreten und die darin zum Ausdruck kommende persönliche Autorität aufrecht zu erhalten.

Konflikte zwischen den Idealen und den Ansprüchen der Arbeitsrealität können immer wieder auftreten. Aufmerksame Selbstbeobachtung und ein produktives Betrachten solcher Reibungen kann man als Ausgangspunkt erneuter Reflexion und zur Weiterentwicklung der professionellen Identität nutzen. Dabei helfen Routinen der Selbstbefragung, aber auch das Feedback von nahestehenden Personen, die Veränderungen an einem wahrnehmen können.

Die Klärung des Berufsideals dient auch dazu, seinen eigenen Lernbedarf zu erkennen. Ganz neue Begriffe werden heute mit der Aufgabe der Lehrkraft assoziiert, wie etwa Lernbegleiter, Potenzialentwickler oder Lerncoach. Wenn man es ernst nimmt mit diesen Bezeichnungen, hat das erhebliche Implikationen für die Entwicklung der eigenen Fähigkeiten und für die berufliche Praxis. Wenn dein Berufsideal darin besteht, ein Potenzialentwickler zu sein, dann ist es erforderlich, zu wissen, wie Potenziale entwickelt werden, wie man die entsprechenden Voraussetzungen für solche Arbeit schafft und welche Kompetenzen man dafür benötigt. Ähnliches gilt auch für gelebte Werte, wie etwa Zivilcourage oder Toleranz. Diese praktisch jeden Tag umzusetzen, erfordert sowohl eine selbstkritische Haltung, als auch handfeste Fähigkeiten. All das zu entwickeln, ist Teil der Professionalität einer Lehrkraft.

Sich über seine Ideale und Wertvorstellungen im Klaren zu sein, hilft auch, für sie einzustehen. Gerade am Berufseinstieg ist es wichtig, eine klare Vorstellung von der eigenen Rolle und davon, was Qualität und Professionalität dieser Rolle ausmachen, zu erlangen. In der Zeit des Referendariats beispielsweise werden an Berufsanfänger viele Vorstellungen darüber herangetragen, wie eine Lehrkraft zu sein hat und was sie tun und lassen sollte. Das kann stark verunsichern, weil eigene Erfahrungen noch kaum gemacht werden konnten und die Lehrerpersönlichkeit noch nicht gefestigt ist. Aber auch im späteren Berufsleben, wenn Eltern oder Kollegen sich mit Forderungen zu Wort melden oder sich eigene Zweifel einstellen, ist es hilfreich, sich immer wieder seiner professionellen Identität zu versichern.

Die so gewonnene Klarheit und das Selbstvertrauen schützen davor, die Grenzen der eigenen Kompetenz, der Aufgabe und der Verantwortung aus dem Blick zu verlieren. Je mehr Anforderungen und Erwartungen an die Lehrkraft herangetragen werden, desto wichtiger ist es, selbst eine klare Vorstellung davon zu haben, wo die eigene Kompetenz aufhört und etwa die Zuständigkeiten verwandter Berufe (beispielsweise eines Schulpsychologen) anfangen. Sich selbstbewusst zu positionieren hilft dabei, für konkrete berufliche Situationen klare Kriterien zu entwickeln.
Und schließlich ist die Auseinandersetzung mit der professionellen Identität für angehende Lehrkräfte die Möglichkeit, den Berufswunsch noch einmal kritisch zu hinterfragen. Das bedeutet, in einem letzten Check vor dem Einstieg ins Berufsleben ehrliche Antworten auf entscheidende Fragen zu finden: Ist dieser Beruf der richtige für mich? Kann ich im Berufsalltag tatsächlich das umsetzen, was ich mir vorstelle? Was fehlt mir dazu und kann ich mich noch verbessern? Entsprechen die Arbeitsbedingungen meinen Vorstellungen und Bedürfnissen? Werde ich wohl mit den Kolleginnen und Kollegen und ihren Erwartungen an mich zurechtkommen? Kurz, fühle ich mich dazu in der Lage, diesen Beruf langfristig mit Freude auszuüben?
Sich Klarheit über die eigenen Ideale, Werte, Motive und Haltungen zu verschaffen, ist die Grundlage effektiver Lehrtätigkeit. Die Beschäftigung mit diesen zentralen Fragen kann man nicht nebenher erledigen. Selbstreflexion braucht Zeit und Aufmerksamkeit. Die folgenden Schritte geben Anregungen, um sich diesen Fragen ausführlich zu widmen und die Erwartungen und beruflichen Wertvorstellungen zu klären.

3.2 Seine professionelle Identität formen

3.2.1 Die Haltung zum Beruf prüfen

Haltung ist eine zentrale Komponente der professionellen Identität. Seine Haltung zu formulieren bedeutet, seine Einstellung gegenüber der beruflichen Rolle zu definieren und ist Ausdruck des Selbstwertes. Welche Begriffe assoziierst du mit deinem Beruf? Siehst du dich als Beamtin, Gestalter, Held, Stütze der Gesellschaft? Zu einer Vorstellung vom eigenen Berufsideal gehört auch noch eine weitere ganz prinzipielle Frage: Was ist mein Selbstverständnis? Welche Attribute möchte ich mir als Lehrkraft geben? Bin ich ein Weltbürger, Demokrat, eine Entdeckerin oder Fachspezialistin? Und in wieweit entspricht diese Vorstellung von mir selbst der gelebten Realität? Wenn ich mich als Weltbürger definiere und Konzepte wie Toleranz zu meinen Werten gehören – bin ich tatsächlich in der Welt unterwegs, mit der Welt in Kontakt? Und was bedeutet das für meine Rolle und die Umsetzung dieser Ideale in die praktische Lehrtätigkeit?

ÜBUNG: Berufliches Selbstverständnis

Nimm dir eine Karte aus dickem Papier oder ein digitales Designprogramm und kreiere dir selbst eine Visitenkarte.

Welcher Titel stünde dort unter deinem Namen?

Formuliere deinen Titel und gestalte die Rückseite, um deinem beruflichen Selbstverständnis Ausdruck zu verleihen.

Haltung ist keineswegs ein abstraktes Konzept. Unsere Haltung prägt unser Denken und Handeln. Sie hat einen erheblichen Einfluss darauf, wie wir die Realität um uns wahrnehmen. Haltung kann Realität geradezu erschaffen, weil Erwartungen darüber, wie Dinge sich entwickeln werden, diese Entwicklung zwangsläufig beeinflussen, indem sie den Fokus ausrichten, uns Situationen suchen oder meiden lassen. Andersherum kann man sich fragen, inwiefern die eigene Haltung mit unserem Handeln konsistent ist oder ob das eigene Verhalten möglicherweise von fremden Erwartungen bestimmt wird, die der eigenen Haltung eigentlich gar nicht entsprechen. Schließlich können wir auch prüfen, ob unsere Haltung tatsächlich zu unseren Erfahrungen passt oder ob diese die Haltung möglicherweise auch verändern können. Etwa wenn es darum geht, ob gewisse Dinge machbar sind oder nicht. Haltung und Verhalten stehen in einem dynamischen Verhältnis zueinander. Deine Haltung wird sich ganz wesentlich auf deine berufliche Realität auswirken. Daher ist es aufschlussreich, seine Haltung gegenüber dem Beruf genau zu beleuchten. Welche Haltung habe ich grundsätzlich gegenüber meinem Beruf? Fühle ich mich stolz, wenn ich von meiner beruflichen Zukunft erzähle?

Über diese allgemeinen Zusammenhänge hinaus gibt es eine Reihe von spezifischen Haltungsthemen, die besonders in Bezug auf den Lehrberuf eine wichtige Rolle spielen. Betrachten wir einmal einige weit verbreitete Einstellungen und Denkmuster, die für die Ausübung des Berufes förderlich sein können und solche, die einem eher im Wege stehen.

Fixed vs. Growth Mindset: Gehst du davon aus, dass du mit deinem Charakter und deinen Fähigkeiten bist, wie du eben bist oder hast du eine Vorstellung davon, dass Kompetenzen trainierbar sind und Entwicklung lebenslang möglich ist? Gibst du auf, wenn es schwierig wird oder spornen dich Schwierigkeiten an? Bleibst du lieber auf bekanntem Terrain oder probierst du gerne etwas Neues aus?

Heroische Lehrkraft: Bist du der Meinung, dass eine Lehrkraft allein im Klassenraum bestehen muss oder siehst du dich als Teil eines professionellen Teams und Netzwerks, mit dem zusammen du eine Aufgabe angehst? Behältst du Probleme eher für dich oder suchst du Austausch im Kollegium oder mit Vertrauenspersonen?

System oder Individuum: Siehst du den bildungspolitischen und den institutionellen Rahmen einer Schule als Zwangsjacke und alles bestimmendes System oder begreifst du dich als Gestalter deiner professionellen Welt? Hast du eine Vorstellung von der eigenen Wirksamkeit? Machst du deine Umgebung dafür verantwortlich, ob du dich gut oder schlecht fühlst, überfordert bist oder aufblühst?

Optimistische Einstellung: Hast du die Neigung, dich auf die positiven Dinge im Leben und die eigenen Stärken zu fokussieren und grundsätzlich mit einem positiven Ergebnis zu rechnen? Das bedeutet nicht, negative Dinge zu vermeiden oder zu ignorieren, sondern auch aus negativen Situationen das Beste zu machen. Es bedeutet aber auch, die positiven Dinge nicht als gegeben zu betrachten, sondern sie bewusst wahrzunehmen und wertzuschätzen. Bist du auch in negativen Situationen in der Lage, Humor zu behalten und auf das Positive zu schauen?

ZUM NACHDENKEN: Deine Haltung zum Beruf

Überprüfe deine eigenen Haltungen und Denkmuster anhand der genannten Beispiele.

Welche Einstellungen überwiegen bei dir?

Welche Haltung ist dir für die erfolgreiche Ausübung des Lehrberufes außerdem noch wichtig?

Viele der Fragen, die du dir für diese Übung gestellt hast, tauchen in weiterführenden Kapiteln des Buches wieder auf. An konkreten Beispielen wird dann klar werden, wie wichtig deine Haltung zu den jeweiligen Konzepten ist. Hier kannst du bereits eine gedankliche Grundlage schaffen.

3.2.2 Werte definieren

Nachdem wir die grundsätzliche Haltung gegenüber dem Beruf betrachtet haben, können wir uns den weiteren Komponenten der professionellen Identität zuwenden. Wie kommst du der Idealvorstellung eines erfüllten Berufslebens näher? Welche Überlegungen helfen dir dabei? Eine erste wichtige Voraussetzung ist, mit deinen grundlegenden Wertvorstellungen in Einklang zu sein. Dafür musst du dir diese erst einmal bewusst machen und dir die Fragen stellen: Was ist mir eigentlich wichtig? Mit welchen Werten identifiziere ich mich? Und lebe ich selbst vor, was ich von anderen erwarte oder bei ihnen erreichen will?

Die Beantwortung dieser Fragen erlaubt, mögliche Diskrepanzen zwischen den eigenen Werten und der gelebten Realität zu erkennen. Dann kann man versuchen, einen Ausgleich zu schaffen, der Frustrationen vorzubeugen hilft. Wer dauerhaft im Widerspruch zu seinen Werten lebt, wird schwerlich ein erfülltes Berufsleben führen können – die innere oder tatsächliche Kündigung ist dann schon vorprogrammiert.

Heute haben wir die Freiheit, unser Wertesystem selbst zu formulieren. Es gibt für viele Menschen nicht mehr einen Glauben und religiöse Institutionen, die Werte in Form von Geboten eindeutig vorschreiben. Hierarchien, die klare Regeln festsetzen und gesellschaftliche Normen, die von allen respektiert und in gleicher Weise eingehalten werden, sind erheblich reduziert. In diese Lücke muss etwas Eigenes gestellt werden, sonst fehlen Halt und Orientierung. Wer nicht bewusst und aktiv sein eigenes Wertesystem reflektiert, wird entweder ein fremdes Wertesystem übernehmen oder eine Leere verspüren. Jenseits des staatlich definierten Bildungsauftrags, der allgemeine Grundwerte wie Demokratie oder Toleranz fordert, braucht jede Lehrkraft einen eigenen Kompass, um den Beruf erfolgreich zu praktizieren.

Um Werte erkennen und benennen zu können, benötigen wir ein differenziertes Vokabular. Dieses Vokabular hilft nicht nur bei der Klärung der Beweggründe für das eigene Tun, sondern lässt uns auch andere Menschen besser verstehen. Kohärenz zwischen den verbalisierten und den gelebten Werten bestärkt die natürliche Autorität einer Lehrperson. Und schließlich sind Lehrkräfte auch immer Vorbilder. Wer Werte vermitteln will, muss sie sich bewusst machen und sie vorleben.

ÜBUNG: Eigene Werte

Markiere die für dich wichtigen Begriffe auf der folgenden Liste oder füge eigene hinzu.

Welche Werte sind absolut nicht verhandelbar?

Hebe sie besonders hervor, denn diese musst du aktiv schützen und dir Bedingungen schaffen, sie täglich leben zu können.

Aufgeschlossenheit	Innovation	Realismus
Authentizität	Klugheit	Respekt
Beharrlichkeit	Kontrolle	Ruhe
Dankbarkeit	Kreativität	Selbstvertrauen
Disziplin	Leichtigkeit	Sicherheit
Ehrlichkeit	Leidenschaft	Solidarität
Entdeckergeist	Liebenswürdigkeit	Spontaneität
Entscheidungsfreude	Loyalität	Standfestigkeit
Fairness	Mut	Teamgeist
Flexibilität	Nachhaltigkeit	Toleranz
Freiheit	Neugierde	Tradition
Geduld	Neutralität	Transparenz
Gelassenheit	Optimismus	Verantwortung
Großzügigkeit	Pflichtgefühl	Vertrauen
Harmonie	Pragmatismus	Weitsicht
Hilfsbereitschaft	Präzision	Zielstrebigkeit
Höflichkeit	Professionalität	Zuverlässigkeit
Humor	Pünktlichkeit	.....

Auch wenn du selbst eine feste Richtschnur für dein Verhalten im beruflichen Alltag hast, können Arbeitsbedingungen immer wieder Situationen hervorbringen, in denen deine Werte in Frage gestellt werden. Welche Situationen können deine Werte in Bedrängnis bringen? Und wie kannst du mit diesen Situationen umgehen, um deine wichtigsten Werte zu schützen und aufrecht zu erhalten? Das zu analysieren und vorausschauend anzugehen, ist wesentlich konstruktiver, als zusehends frustriert zu sein, weil die Bedingungen deinen Idealvorstellungen zuwiderlaufen. Das kann sich auf verschiedene Aspekte des Berufes beziehen, die Arbeit mit den Kindern oder Jugendlichen, die Zusammenarbeit mit dem Kollegium, aber auch der Austausch mit den Eltern oder anderen Instanzen, die in Bezug auf deinen Beruf eine Rolle spielen. Wenn mir selbst bewusst ist, was mir wichtig ist, kann ich überprüfen, ob ich meine Wertvorstellungen umsetze und lebe, also kohärent bin und was ich von meiner Umgebung einfordern kann.

ZUM NACHDENKEN: Methoden zur Selbstprüfung

Überlege dir eine Vorgehensweise wie du mit den folgenden Fragen in Verbindung bleiben kannst, um zu merken, wenn du dich von deinen Werten und Idealen entfernst. Dabei helfen Aufzeichnungen oder Tagebucheinträge, in denen Werte und Ideale festgehalten werden. Begebenheiten und Handlungen des Alltags, Selbstbeobachtungen oder das Wahrnehmen von Reaktionen oder Kommentaren anderer kann so immer wieder in Bezug auf diese Ideale reflektiert und eingeordnet werden.

Verhalte ich mich so, wie ich es möchte? Möchte ich so sein, wie ich mich verhalte?

Bin ich die beste Version meiner selbst?

Wie kann ich überprüfen, ob ich meinen Werten treu bin?

Habe ich Freunde oder Personen aus meiner Familie, die in der Lage sind, mir einen Spiegel vorzuhalten?

Eine Studentin erzählte mir von ihrer Methode der Selbstprüfung. Bei einem Spaziergang fand sie einen Stein, der ihr besonders gefiel und den sie in ihre Nachttischschublade legte. In Momenten der Unsicherheit nimmt sie den Stein heraus und befragt sich, ob sie auf dem richtigen Weg ist. So behält sie die Situation selbst in der Hand und lässt sich nicht von ihren Idealen abbringen oder verunsichern.

Inspirationen aus dem Dokumentarfilm ‚Teachers for Life'

Der Film „Teachers for Life" porträtieren außergewöhnliche Pädagogen aus England, Frankreich, Dänemark und Deutschland, die ihre Persönlichkeit in die Arbeit einbringen und mit Klarheit und Engagement ihre Lehrziele verfolgen. Er entwirft ein Bild, wie unter solchen Voraussetzungen die Zukunft der Bildung aussehen könnte. Die Protagonisten teilen eine Vision: Nur wenn sie einfühlsame Beziehungen zu den Kindern aufbauen, können diese ihre individuellen Fähigkeiten entdecken und den Mut entwickeln, sich später eigenverantwortlich in der Gesellschaft zu engagieren und eine nachhaltige Zukunft zu gestalten.

Lisa, Lehrerin für Geografie und Englisch an einer Gemeinschaftsschule und eine Protagonistin des Films:

„Nach meinem Studium bin ich erst einmal in ein Loch gefallen. Das Ziel war erreicht, ich wusste nicht, was ich auf einmal mit so viel Zeit und mit mir anfangen sollte. Dann habe ich angefangen, mir Fragen zu stellen: wie kann und möchte ich meine Zeit jetzt nutzen? Ich stehe morgens auf, wofür stehe ich eigentlich auf? Um Antworten zu finden, musste ich erst einmal bei mir selber anfangen, wer bin ich und wo möchte ich hin? Was sind die Themen, die mich wirklich bewegen?

Nachdem ich mich dann irgendwann gefunden hatte und wusste, was ist mir eigentlich wirklich wichtig, dann lief das auf einmal auch. Ich als Lehrkraft strahle etwas anderes aus, wenn ich wirklich authentisch bin und Themen mich wirklich berühren. Und das wiederum kommt bei den Schülerinnen und Schülern an. Wenn ich vorne stehe und mit Leidenschaft spreche, ist das emotional behaftet und ich merke, dass das die Schülerinnen und Schüler dann auch mehr berührt. Es ist wirklich wichtig, dass man das lebt, was man vermitteln möchte. Wenn man wirklich bei sich ist, dann klappen die Dinge viel besser."

Hier kannst du den Film schauen: https://mindjazz-pictures.de/filme/teachers-for-life/

3.2.3 Das Berufsideal formulieren

Arbeit bestimmt einen Großteil unseres aktiven Lebens. Laut statistischem Bundesamt arbeiten Vollzeiterwerbstätige in Deutschland 40 Stunden pro Woche (Statistisches Bundesamt, 2023a). Wenn man davon ausgeht, dass man gut 40 Jahre lang aktiv ist und jedes Jahr etwa 5 Wochen Urlaub machen kann, bedeutet das mehr als 75.000 Stunden Lebensarbeitszeit – Überstunden nicht mitgezählt.

Wie möchtest du diesen Teil deines Lebens gestalten? Urlaube planen viele mit Bedacht und stellen alle möglichen Überlegungen an, wie sie ihre Freizeit verbringen wollen. Weit weniger intensiv wird offenbar darüber nachgedacht, wie diese vielen Arbeitsstunden aussehen könnten. Das Resultat ist, dass viele mit ihrem beruflichen Leben unzufrieden sind. Umfragen, wie etwa der Gallup Engagement Index in Deutschland 2022 ergaben, dass mehr als zwei Drittel (69%) aller Berufstätigen lediglich Dienst nach Vorschrift machen und 18 Prozent (das entspricht mehr als 8 Millionen Menschen) geben an, bereits ‚innerlich gekündigt' zu haben (Gallup, 2022).

Wer dagegen mit Begeisterung bei der Sache ist und vor allem, wer einen Sinn in seiner Arbeit sieht, der muss im Grunde in seinem Leben nie arbeiten. Es gibt dann, so könnte man sagen, nur bezahlte und unbezahlte Anteile eines erfüllten, bereichernden und sinnhaften Lebens. Solche Lebensentwürfe sind möglich. Um diesen Zustand zu erreichen, zumindest an manchen Tagen, brauchst du eine Idealvorstellung von deiner Aufgabe. Hier sind einige Fragen, die dir helfen, dein Berufsideal einmal prinzipiell zu definieren:

- Wie muss sich dein Beruf anfühlen, damit er dich erfüllt?
- Wie stellst du dir deinen Berufsalltag vor, was sollte unbedingt gegeben sein und was darf auf keinen Fall eintreten?
- Mit welchen Menschen möchtest du umgeben sein?
- Wie willst du dich dein Leben lang beruflich weiterentwickeln?

ÜBUNG: Dein Berufsideal

Mach es konkret. Nimm dir ein Blatt Papier, entwerfe ein Bild deines Berufsideals und beschreibe für dich einen gelungenen Schultag. Dieses Blatt kannst du an die Wand hängen und immer wieder einmal einen Blick darauf werfen. Beim Entwerfen oder Zeichnen helfen dir folgende Fragen:

Was hast du gemacht?

Welche anderen Menschen waren involviert?

Welche Fähigkeiten hast du eingesetzt?

Was hast du erreicht – für deine Schülerinnen und Schüler, aber vielleicht auch für deren Eltern, deine Kollegen oder die Gesellschaft?

3.2.4 Eigene Schulerinnerungen wecken

Haltungen, Wert- und Idealvorstellungen haben unterschiedliche Ursprünge. Wenn man sich über seine Werte und Ideale klar werden will, ist es auch nötig, sich bewusst zu machen, auf welchem Wege und durch welche Einflüsse sie sich in dir geformt haben. Die Schulzeit spielt hier eine bedeutungsvolle Rolle, gerade wenn es um prägende Erfahrungen für deinen beruflichen Weg geht.
Fast jeder kann sich an solche Erlebnisse aus der Schulzeit erinnern. Manchmal ist es ein Satz, der einen mit Stolz erfüllt oder einem im Gegenteil erhebliche Selbstzweifel beschert hat. Eine Lehrkraft kann Biografien beeinflussen, im Guten wie im Schlechten. Welche Erfahrungen während deiner Schulzeit, die guten wie die schlechten, haben dich geprägt? Inwiefern sind sie wichtig für deine heutige Rolle als Lehrkraft?

ÜBUNG: Schulerinnerungen

Denke an deine Schulzeit zurück und skizziere ein Bild deiner Erinnerungen. Das ist eine Vorstellungsaufgabe, um die Erinnerungen zu beleben und einen Zugang zu tief im Bewusstsein verankerten Erfahrungen zu eröffnen. Aus der Erwachsenenperspektive kannst du diese kindlichen Erfahrungen erkunden und einordnen. Besonders plastisch werden die Erinnerungen, wenn sie tatsächlich gezeichnet oder zumindest beschrieben werden und ein konkretes Bild der Erinnerung entsteht.

Wenn du dich in deine Schulzeit zurückversetzt, welcher prägende Moment kommt dir spontan in Erinnerung? Wie sah es in der Schule oder im Klassenraum aus? Welche Lehrerin oder welcher Lehrer waren in diesem Moment präsent?

Versuche, dich an die Situation zu erinnern. Was ist geschehen? Wie haben die Lehrerin oder der Lehrer reagiert? Welche Worte sind gefallen und wie hat er oder sie dadurch auf dich gewirkt – zugewandt, kompetent, ungerecht, lächerlich?

Welche Emotionen weckt das in dir? Sind es gute Erinnerungen, angenehme Gedanken? Oder bekommst du auf der Stelle negative Gefühle?

Welche Wünsche hattest du als Schüler oder Schülerin an deine damaligen Lehrer?

Wurden deine Erwartungen erfüllt? Ergeben sich daraus auch Erwartungen an dich als Lehrkraft? Und kannst du diese erfüllen? Entsprechen diese Erwartungen deinen Möglichkeiten oder auch nur deinem Charakter?

3.2.5 Einflussfaktoren kritisch hinterfragen

Ein weiterer Schritt zur Festigung der professionellen Identität besteht darin, die eigenen Vorstellungen von fremden Einflüssen, die der eigenen Person nicht gemäß sind, zu unterscheiden. Intrinsische Motivation von externen Erwartungen zu trennen, ist ein wichtiger Schritt vorwärts auf deinem eingeschlagenen Weg. Ist der Weg, auf dem ich mich befinde, tatsächlich mein Weg? Habe ich diesen Weg selbst gewählt oder bin ich passiv auf diesen Pfad gesetzt worden? Wer oder was hat mich dazu motiviert, diesen beruflichen Weg einzuschlagen?
Um in deinem Beruf effektiv und zufrieden zu sein, musst du deinen eigenen Weg finden. Ein Weg, der dir gefällt und dich leicht dahinschreiten lässt, der dir entspricht und dir erlaubt, in deinem Element zu sein. Dafür musst du dich von fremden Erwartungen und Beeinflussungen befreien, die dich von deinem Weg abbringen. Das ist gar nicht so leicht, denn viele dieser Faktoren macht man sich nie bewusst.

ZUM NACHDENKEN: Eigene und fremde Motivatoren

Für eine Klärung der eigenen Wünsche und fremden Erwartungen kannst du dir folgende Fragen stellen:

Was ist meine Motivation für den Beruf?

Wann und wo habe ich die Entscheidung zum Lehrerberuf getroffen?

Gibt es Momente, Erlebnisse, Beobachtungen oder Gespräche, die für meinen Entschluss entscheidend waren?

Manche solcher biografischen Wendungen sind offensichtlich, wie etwa die Entscheidung für den Arztberuf oder die medizinische Forschung, wenn man eine schwere Erkrankung in der Familie miterlebt hat und daraufhin den Wunsch entwickelt, in solchen Situationen helfen zu können oder an Lösungen für die Zukunft mitzuwirken. Andere Einflussfaktoren sind eher subtil und erfordern intensives Nachdenken.

- Wer oder was hat meine Berufswahl beeinflusst? Wer waren Vorbilder?
- Wie haben Familie und Freunde durch Erwartungen oder Forderungen auf mich gewirkt?
- Was waren förderliche oder hinderliche Umstände?
- Welche (unerfüllten) Träume spielten eine Rolle?

Die amerikanische Künstlerin Rosemary Mayer hat eine charmante und sehr eigenwillige Liste zusammengestellt, um zu reflektieren, wer oder was sie und ihre Arbeit beeinflusst hat. Diese mag als Inspiration für die eigene Sammlung dienen.

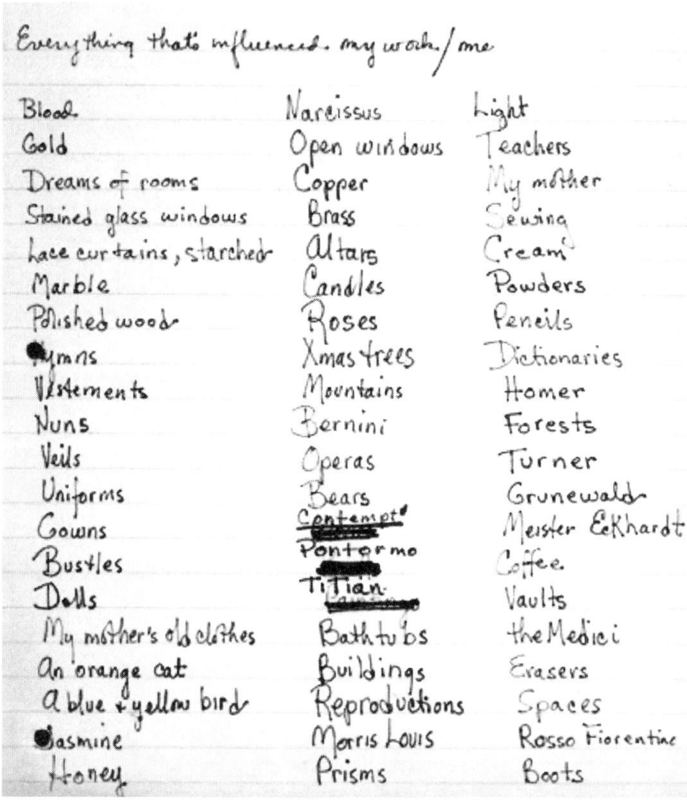

Abb. 3.1: Rosemary Mayer ‚Ways of Attaching' (Ausstellung im Lenbachhaus München 11.6. – 18. 9. 2022).

ÜBUNG: Biografische Einflussfaktoren

Nimm dir Stift und Papier zur Hand. Was steht auf deiner Liste?

3.2.6 Anspruch und Realität abgleichen

Wirkung entsteht, wenn Anspruch und Realität in einer guten Balance zueinander stehen. Das bedeutet nicht, dass dein Ideal einer guten Lehrkraft heute bereits in jeder Hinsicht erfüllt sein muss. Aber der Weg dahin muss sich machbar anfühlen und die Vorstellung davon dich motivieren.

Voraussetzung für eine gute Balance ist eine realistische Selbsteinschätzung. Dazu gehört die Kenntnis der Ressourcen und Fähigkeiten, die man braucht, um das

eigene Berufsideal umzusetzen. Mit Selbsteinschätzung ist aber nicht destruktive Selbstkritik gemeint, sondern eine klare Analyse des Ist- und des Wunschzustandes: Was fehlt mir noch, um meinem Ideal zu entsprechen? Wie möchte ich mich weiterentwickeln? An welchen Schwächen möchte ich arbeiten?
Dafür ist es unerlässlich, sich zuallererst seine Stärken bewusst zu machen. Denn Stärken sind unsere verlässlichsten Ressourcen. Sie helfen, auch schwächere Anteile zu fördern und einen persönlichen Stil im Unterrichten zu entwickeln. Es gibt nicht die ideale Lehrkraft, es gibt immer nur die beste Form seiner selbst. Eine realistische Betrachtung der Schwächen ist allerdings ebenso wichtig: woran muss ich arbeiten? Warum sind das Schwächen? Bilde ich mir diese Schwächen nur ein und gäbe es Möglichkeiten, mir das Gegenteil zu beweisen? Vielleicht habe ich mich bis dato immer davor gedrückt, es überhaupt auszuprobieren und schiebe ein ‚darin bin ich bestimmt ganz schlecht' nur vor. Welche Schwächen muss ich akzeptieren, weil hier das Erreichen eines Ideals für mich nicht realistisch ist und wie kann ich diese Realisierung in Selbstakzeptanz anstatt Selbstmitleid umwandeln? Wo fehlt mir vielleicht auch schlichtweg noch die Erfahrung, um meine Stärken und Schwächen einzuschätzen und wo möchte ich meine Kompetenzen einmal einem Test unterziehen, um mich besser einschätzen zu können?

ÜBUNG: Anspruch vs. Realität

Denke darüber nach und schreibe auf:

Welche Lehrkraft möchtest und kannst du sein?

Wo siehst du deine größten Stärken?

Welche Anteile deiner Arbeit bereiten dir Schwierigkeiten? Welcher Entwicklungsauftrag ergibt sich für dich daraus?

Auf welche Ressourcen kannst du bauen?

Was möchtest du lernen?

Die Arbeit an der eigenen Entwicklung dauert lebenslang. Wer sich nicht entwickelt, fällt zurück, denn äußere Umstände erfordern permanente Anpassung. Eine Ausbildung zu erhalten und dann für den Rest des Berufslebens gewappnet zu sein, ist ein Konzept der Vergangenheit. Heute müssen sich Profis permanent weiterentwickeln. Niemand wird einem diese Arbeit abnehmen, sie liegt ganz in der eigenen Verantwortung. Sie ist äußerst individuell und alles andere als einfach. Aber die Fortschritte sind bereichernd und Resultate beglückend. Sie befähigen dazu, souverän zu lehren und die eigene berufliche Laufbahn positiv zu gestalten. Wer verstanden hat, wie Entwicklung funktioniert, kann auch andere in diesem Prozess begleiten. Die restlichen Kapitel des Buches befassen sich mit unterschiedlichen praktischen Aspekten dieser Entwicklungsarbeit.

4 Lernen und Entwicklung

Im Klassenzimmer werden alle Aspekte des zeitgenössischen Lebens wie in einem Brennglas konzentriert, wodurch unaufhörlich neue Herausforderungen auf Lehrkräfte zukommen. Das haben Pandemie, durch Konflikte ausgelöste Fluchtbewegungen und Entwicklungen im technischen Bereich, wie etwa der künstlichen Intelligenz, in den letzten Jahren eindrucksvoll gezeigt. Alle diese Veränderungen erfordern Flexibilität, Umgang mit dem Neuen und fortwährende Weiterentwicklung.

4.1 Wer stehenbleibt fällt zurück

4.2 Sein Lehrrepertoire erweitern

4.3 Entwicklungswege beschreiten

Übungen:

Professioneller Newsfeed

Wissen organisieren

Das Üben üben

Feedback

Coaching Skills

Stimmbildung

Lernhaltung

Lernabenteuer

Bewusstseinsentwicklung

Zum Nachdenken:

Lernstrategien

4.1 Wer stehenbleibt fällt zurück

Bildung im 21. Jahrhundert bedeutet, junge Menschen auf eine hoch komplexe und zunehmend krisenhafte Welt vorzubereiten. Die ökologischen, gesellschaftlichen und wirtschaftlichen Herausforderungen, denen wir uns stellen müssen, lassen sich nicht länger ignorieren und erfordern radikale Veränderungen auf vielen Ebenen, wenn wir als Menschheit noch eine lebenswerte Zukunft haben wollen. Die heutige Generation junger Menschen ist bewusster gegenüber diesen Krisen und stellt mehr unangenehme Fragen, die ihre Zukunft und die unseres Planeten betreffen. Diese Fragen verdienen, ernstgenommen zu werden.

Sich in der krisenhaften Welt von heute zurechtzufinden, erfordert solide Fähigkeiten der Unsicherheitstoleranz und Anpassung. Die Lösung der globalen Probleme braucht darüber hinaus kompetente und starke Persönlichkeiten und Menschen, die einen hoffnungsvollen Blick auf die Zukunft nicht verlieren. Es ist daher für junge Menschen wichtiger denn je, beim Übertritt ins Erwachsenenalter nicht nur Wissen angehäuft, sondern auch die Gelegenheit bekommen zu haben, ihre Persönlichkeit zu entwickeln, Erfahrungen zu sammeln, um ihre Talente zu entdecken, Stärken zu festigen und ihren Platz in der Welt zu finden.

Wer als Lehrkraft andere Menschen in einer solchen Entwicklung begleiten will, der muss eine Vorstellung von umfassender Menschenbildung haben. Das setzt die Bereitschaft voraus, an seiner eigenen Entwicklung zu arbeiten und sich selbst als lebenslangen Lerner zu begreifen. Nach dem Abschluss der formalen Ausbildung, die einen für den Beruf der Lehrkraft qualifiziert, fängt das eigentliche Lernen erst an, denn sein Fach zu beherrschen und Unterrichtsmethoden studiert zu haben, macht noch keine Lehrerpersönlichkeit aus. Eigenes Lernen und Entwicklung sind gleichermaßen Inhalt der Arbeit einer Lehrkraft und ein Instrument der Professionalisierung.

Das Verschränken von theoretischer Kenntnis und gelebter Praxis ist ausschlaggebend für Entwicklung. Entwicklung bedeutet, sich mit der Welt draußen, das heißt auch außerhalb von Schule und Universität, zu verbinden. Gleichzeitig bedeutet es, sich nach innen zu wenden und sich selbst immer besser kennenzulernen. Die eigene Komfortzone zu verlassen und immer wieder neue Erfahrungen zuzulassen, äußere wie innere, ist unerlässlich. Denn neben der intellektuellen hat unsere Persönlichkeit auch mentale, emotionale und physische Seiten, die durch eine konstruktive Konfrontation mit der Realität weiterentwickelt werden.

Der Lehrerberuf bietet dazu unendlich viele Gelegenheiten, denn jeder junge Mensch ist anders und ständig werden wir als Lehrkräfte mit neuen Kontextbedingungen konfrontiert. Wer seine Aufgabe so betrachtet und jeden Tag mit Mut und Offenheit für Neues beginnt, für den ist der Klassenraum ein Entwicklungsort. Ein Ort für die Entwicklung junger Menschen und für die lebenslange eigene Entwicklung. In diesem Kapitel beschäftigen wir uns mit den wichtigsten Aspekten von

Lernen und Entwicklung und den sich daraus ergebenden Möglichkeiten, unseren Berufsalltag erfolgreich zu gestalten.

Die erste Dimension der Weiterentwicklung betrifft das Wissen. Die Halbwertszeit von Wissen nimmt stetig ab. Wie für jede andere Berufsgruppe so ist es auch für Lehrkräfte notwendig, sich fortwährend zu informieren und in Bezug auf die eigenen Unterrichtsfächer, auf das Wissen um fachdidaktische Methoden, den Einsatz von technischen und digitalen Mitteln und Veränderungen des Bildungsauftrags auf dem neuesten Stand zu bleiben. Dieses Kapitel behandelt Methoden, mit denen über die Grundausbildung hinaus eigenständig das Fachwissen aktualisiert und erweitert werden kann und Ansätze, wie man neue Erkenntnisse und Informationen in sein berufliches Repertoire integriert.

Neben dem Erschließen neuen Wissens geht es natürlich auch darum, das Wissen effektiv zum Einsatz zu bringen. Daher erschließt das Kapitel auch das Thema, wie man systematisch an seinen Lehrfähigkeiten arbeiten und professionelles Feedback dazu einsetzen kann. Wir stellen uns die Frage, wie man Wirkung und Effektivität von Kommunikation durch Arbeit an Stimme, Körpersprache und Präsenz verbessern kann und wie man den Übergang schafft vom traditionellen Wissensvermittler zum modernen Lerncoach.

Zu diesem Aspekt der Professionalität gehört auch die Frage, wie ich im Lehrberuf ein Lernender bleibe – durch Offenheit für Neues, eigenständiges Erschließen fremder Themengebiete, Unsicherheitstoleranz und konstruktiven Umgang mit Fehlern. Vielleicht entdecke ich dabei für mich schließlich das wahre Lernen. Denn über das Lernen, mit dem man sich Wissen im engeren Sinne aneignet hinaus, bedeutet Lernen auch Investition in die eigene Entwicklung. Niemand liefert das dafür notwendige Curriculum, lobt mich für Lernfleiß oder kümmert sich um meine Lernressourcen. Dieses Lernen ist ausschließlich meine Verantwortung – und meine Freiheit.

Lehrkräfte, die die Mechanismen von Lern- und Entwicklungsprozessen nicht nur theoretisch verstehen, sondern diese auch praktisch umsetzen können, haben das nötige Rüstzeug, um diese Prozesse auch bei jungen Menschen begleiten zu können.

4.2 Sein Lehrrepertoire erweitern

4.2.1 Den Umgang mit Wissen professionalisieren

Dieses Buch vermittelt ein modernes und wesentlich umfangreicheres Verständnis von Lehren und Lernen, als die Beschränkung auf reine Wissensvermittlung. Dennoch bleibt das Vermitteln grundlegender Fertigkeiten und die Einführung in Fachwissen eine wichtige Aufgabe der Lehrkraft. Denn Lesen, Schreiben und Rechnen zu beherrschen, naturwissenschaftliche Zusammenhänge zu verstehen, Fremdsprachen zu erlernen und sich auch mit geschichtlichen, politisch-soziologischen, wirtschaftlichen und anderen fachlichen Bereichen auseinandergesetzt zu haben, sind Grundlagen, auf denen weiterführende Bildung und im Endeffekt eine Teilhabe an Gesellschaft und Wirtschaft möglich werden.
Expertise in einem oder mehreren Fächern ist nach wie vor die Ausgangsituation, aus der die Lehrkraft ihre primäre Autorität bezieht. Sich für sein Fach zu begeistern und sich damit zu identifizieren, ist darüber hinaus der Schlüssel dafür, die Motivation und das Interesse für eine Thematik bei den Schülerinnen und Schülern zu wecken. Ebenso wichtig sind Kenntnisse der Didaktik und das Wissen über Erkenntnisse der Bildungsforschung zum Lernen und der menschlichen Entwicklung. Die Grundlagen für die Expertise in all diesen Bereichen werden in der eigenen Ausbildung geschaffen. Um diese Expertise allerdings aufrecht zu erhalten und ihr die entsprechende Relevanz zu verleihen, ist kontinuierliche Erneuerung des Wissens nötig.
Der erste Schritt besteht darin, sein Wissen zu aktualisieren. Fortwährend wird Fachwissen und fachdidaktisches Wissen weiterentwickelt und es gibt Veränderungen in der Bildungspolitik und der Bildungsforschung, die sich auf das Aufgabenfeld der Lehrkräfte auswirken. Es ist sinnvoll, schon bevor man anfängt beruflich zu arbeiten, die relevanten und verlässlichen Wissensquellen zu identifizieren, um nicht den Anschluss an diese Entwicklungen zu verlieren.
Wissen gibt es unendlich viel und täglich wird eine große Menge neuen Wissens produziert. Eine wichtige Botschaft an dieser Stelle ist daher, nicht dem Anspruch auf Vollständigkeit zu erliegen, sondern sinnvoll zu selektieren. Das bedeutet, wenige aber sehr kompetente, relevante und gut aufbereitete Quellen zu beziehen und diese regelmäßig, am besten jeden Tag, bei einem Espresso, einer Kurkumamilch oder einem Ostfriesentee zu konsultieren.

ÜBUNG: Professioneller Newsfeed

Erstelle dir deinen ganz persönlichen Nachrichtenkanal, um auf dem Laufenden zu bleiben. Für die Auswahl helfen dir folgende Fragen:

- Welche Newsletter sind so gut, dass du sie wirklich mit Gewinn liest und sie nicht nur deine Inbox füllen? Die professionelle Plattform XING z. B. hat einen Bildungsnewsletter, über den man erfährt, was gerade in der Politik und den wichtigsten Medienkanälen diskutiert wird.
- Über die Arbeit welcher Vorbilder oder Institutionen möchtest du informiert sein, weil du weißt, dass du immer davon profitierst, egal, was das Thema heute ist?
- Was sind wirklich bereichernde YouTuber, Blogger oder Podcasts?
- Welche Webseiten konsultierst du regelmäßig?
- Was bieten dir allgemeine Webseiten wie Schulportal oder Bildungsklick oder themenspezifische Communities und Seiten wie z. B. das Forum Umweltbildung in Österreich?

Wichtig ist, weniger ist mehr. Wenn man feststellt, dass man bestimmte Informationen nie abruft, ist es besser, diese nicht zusammen mit dem schlechten Gewissen anzuhäufen, sondern sie konsequent abzubestellen, um den Überblick über die relevanten Informationen weiter zu gewährleisten.

Der zweite Schritt ist die Wissensorganisation. Damit das Wissen auch tatsächlich zur Verfügung steht und das, was mühevoll zusammengetragen wurde, jederzeit bei Bedarf abgerufen werden kann, ist eine gute Organisation von Anfang an wichtig. Mit dieser Aufgabe sind im Grunde alle Berufsgruppen konfrontiert: Wissenschaftler müssen ihre Literatur organisieren, Unternehmen haben ganze Abteilungen, die sich mit Wissensorganisation beschäftigen, Ärzte konsultieren Fachzeitschriften, um über neue Behandlungsmethoden auf dem Laufenden zu sein. Nicht zuletzt ist schnell und effektiv auf Informationen und Materialien zurückgreifen zu können auch ein Zeitfaktor, der im Alltag der Lehrkraft eine prominente Rolle spielt.

Jeder hat dafür sein eigenes System. Manche benutzen Notizbücher oder Karteikarten, andere Apps, auf die in allen Lebenslagen von allen Endgeräten aus zugegriffen werden kann. Kein System ist per se besser als das andere, Hauptsache für einen selbst funktioniert es einwandfrei. Wenn man sich einmal Gedanken gemacht hat, wie man grundsätzlich sein Wissensorganisationssystem aufbaut, dann muss man es nur noch regelmäßig pflegen. Und hat einen enormen Zeitgewinn. Je früher man damit beginnt, desto besser.

ÜBUNG: Wissen organisieren

Durchkämme einmal deine digitalen und analogen Informationsquellen und erstelle dir ein System, mit dem du ohne Zeit- und Informationsverlust auf alle wichtigen Daten zurückgreifen kannst.

- Wie sortierst und beschriftest du deine Files?
- Wo legst du interessante Webseiten ab?
- Wo notierst du Erkenntnisse, auf die du regelmäßig zurückgreifst?
- Welche digitalen Hilfsmittel aus dem Wissens- oder Projektmanagement sind für dich wirklich hilfreich?

Es gibt aber noch einen weiteren Aspekt des Wissens, der in der heutigen Zeit eine außerordentlich wichtige Rolle spielt, Dinge nicht zu wissen. Informationen, Forschungsergebnisse, Wissen insgesamt ändern sich so rasant schnell und sind in ihrem Wahrheitsgehalt nicht immer eindeutig, dass es selbst bei regelmäßiger Auffrischung immer wieder passieren kann, dass Fragen offen bleiben, die perfekte Antwort nicht sofort verfügbar ist. Die traditionelle Vorstellung, dass Lehrkräfte alles wissen müssen, lässt sich kaum mehr aufrechterhalten. Umso wichtiger wird ein souveräner Umgang mit Situationen des Nichtwissens und der Frage, wie die entsprechenden Informationen recherchiert und evaluiert werden. Genau das sind Kompetenzen, die auch für Kinder und Jugendliche wichtig sind. Lehrkräfte können sie zusammen mit ihren Schülerinnen und Schülern aufbauen und einsetzen.

4.2.2 Wie Experten üben

Wissen wird erst dann wirkungsvoll, wenn wir neue Erkenntnisse und Einsichten auch tatsächlich anwenden und damit in unser Kompetenzrepertoire überführen. In der Ausbildung werden angehende Lehrkräfte mit einer großen Menge an Theorien und Forschungsergebnissen konfrontiert. Aber dann müssen sie in Unterrichtssituationen spontan handeln. Viele fühlen sich dabei erst einmal überfordert, denn der Transfer von der Theorie in die Praxis beziehungsweise die Anwendung von Forschungserkenntnissen in der Ausübung des Lehrberufes ist eine ganz eigene Kompetenz. Selbst erfahrene Lehrkräfte empfinden diesen Übergang oft als schwierig. Vielleicht lernen sie neue didaktische Konzepte in einer Fortbildung kennen, aber dann fallen sie zurück in die Gewohnheiten des Alltags und das Neue gerät wieder in Vergessenheit. Wie kann ich also mein Repertoire praktisch erweitern oder neu Erlerntes auch einsetzen?

Die Antwort ist, durch bewusstes Üben. Erfolgreiche Profis beherrschen genau das. Studien untersuchten für verschiedene Berufsfelder, was Menschen mit Spitzenleistungen anders gemacht hatten als diejenigen, deren Leistung über die Jahre stagnierte. Das Ergebnis war, Erfahrung allein reicht nicht aus. Entscheidend für die besseren Leistungen war, wie viele Stunden die Personen mit bewusstem Üben verbracht hatten. Also damit, neue Erkenntnisse Schritt für Schritt in die eigene Praxis zu überführen.

ÜBUNG: Das Üben üben

Bewusstes Üben geht in mehreren Schritten vonstatten (für eine ausführliche Anleitung mit praktischer Illustration siehe Deans for Impact, 2016). Wähle dir ein praktisches Thema, in dem du dich verbessern möchtest und durchlaufe damit alle Stufen des professionellen Übens.

Raus aus der Komfortzone: Wie wir in den vorhergehenden Abschnitten besprochen haben, wer sich nur in bekannten Bahnen mit eingeübten Verhaltensweisen bewegt, wird sein Repertoire nicht erweitern können. Also: Neues wagen.

Erarbeiten mentaler Repräsentationen: Es ist für das Üben ausgesprochen hilfreich, wenn man eine Vorstellung davon entwickelt, was man am Ende konkret erreichen möchte. Eine Zielvorstellung, die man sich ganz klar immer wieder vor Augen führt und der man sich Schritt für Schritt annähert. Dabei können auch Vorbilder hilfreich sein.

Fokussieren auf das Üben: Um wirklich Fortschritte zu machen und sich nicht vom Alltag vereinnahmen zu lassen, ist es nötig, eine feste Übungszeit zu beachten. Beispielsweise am Anfang einer Unterrichtsstunde oder an einem Tag der Woche gibt es eine Zeit, die ausschließlich deinem Üben gewidmet ist, wo du neue Dinge ausprobierst und etwas für deine Weiterentwicklung tust.

Klar definierte, anspruchsvolle Ziele: Professionelles Üben besteht nicht darin, wahllos auszuprobieren, sondern eine spezifische Problematik zu wählen und wiederholt genau daran zu arbeiten.

Unterstützendes Feedback: Wichtig ist auch, sich regelmäßig externes Feedback einzuholen und auf der Basis des Feedbacks gleich wieder eine neue Übungseinheit einzulegen, um das Feedback zu implementieren.

4.2.3 Feedback als Entwicklungsinstrument

Feedback ist ein derart wichtiges Instrument der Entwicklung, dass wir uns noch etwas genauer damit beschäftigen wollen. Und zwar mit seinen beiden Aspekten: Feedback zu geben und Feedback anzunehmen. Denn wer regelmäßig Feedback von anderen einholt, der wird auch feinfühliger dafür, was man beim Erteilen von Feedback beachten sollte.

Ziel von Feedback ist immer, die Selbstwahrnehmung des Empfängers zu verbessern und die Person in ihrer Entwicklung zu unterstützen. Eigen- und Fremdwahrnehmung klaffen mitunter relativ weit auseinander. So schätzen sich zum Beispiel die meisten Autofahrer als überdurchschnittlich gut ein – besonders die eher schlechten. Das ist der nach seinen Entdeckern so genannte Dunning-Kruger Effekt, der besagt: je weniger gut man sich auf einem Gebiet auskennt, desto schlechter kann man dieses Unvermögen erkennen und daran arbeiten. Um eine realistische Selbsteinschätzung zu entwickeln und uns zu verbessern, ist Feedback von außen daher eine wertvolle Hilfe.

Die Grundlagen, damit Feedback effektiv kommuniziert werden kann, sind Vertrauen und gegenseitiger Respekt. Wenn diese Voraussetzungen nicht gegeben sind, ist die Wahrscheinlichkeit groß, dass das Feedback nicht ernst genommen oder nicht angenommen wird, selbst wenn es positiv ausfällt. Somit ist das Kommunizieren und Empfangen von Feedback auch ein sinnvoller Gradmesser dafür, wie gut die Beziehung zwischen den beiden Parteien ist, sei es unter Kollegen oder zwischen Lehrkräften und ihren Schülerinnen und Schülern.

Wie gibt man gutes Feedback und macht es damit dem Empfänger leicht, es anzunehmen? Konstruktives Feedback bezieht sich immer auf die Handlungen einer Person und deren Konsequenzen, nicht auf die Person selbst. Es geht darum, wie das Verhalten einer Person gewirkt hat. Wenn wir von außen mit einer Handlung identifiziert werden – etwa ‚du bist respektlos' – fühlen wir uns meistens sofort angegriffen und reagieren ablehnend. Eine bessere Ansprache wäre hier, ‚dein Verhalten hat auf mich respektlos gewirkt und war mir unangenehm'.

Zweitens ist ein gutes Feedback immer beschreibend anstatt urteilend, und es wird aus der eigenen Perspektive berichtet (‚für mich kam es so rüber, als ob…'). Was hat man beobachtet? Wie hat die Aktion auf mich gewirkt? (etwa: ‚ich hatte Schwierigkeiten deinem Referat zu folgen, mehr Pausen hätten mir geholfen', anstatt: ‚du hast ohne Punkt und Komma geredet'). Was hat die Aktion bei mir ausgelöst, zu welchen positiven und negativen Reaktionen hat sie geführt?

Dabei ist es sinnvoll, zuerst das Positive hervorzuheben, anstatt ausschließlich Kritisches anzumerken. Die Situationsbeschreibung sollte man konkret und präzise formulieren und Generalisierungen, zum Beispiel, dass jemand immer so ist oder ständig jenes tut, die leicht anklagend oder wertend wirken, vermeiden. Bevor man Feedback ausspricht, ist es gut, sich noch einmal das Ziel vor Augen zu führen: wie kann mein Feedback diesem Empfänger hilfreich sein?

Auch die Wahl des Zeitpunkts ist wichtig. Einerseits sollte das Feedback nicht zu schnell kommen, denn Emotionen in einer Situation können der Offenheit und Distanziertheit, die nötig sind, um eine Rückmeldung anzunehmen, im Weg stehen. Aber auch zu lange zu warten ist nicht sinnvoll, denn dann kann das Feedback bereits irrelevant oder die Situation in ihren Einzelheiten vergessen sein.

Auch Feedback empfangen zu können, ist wichtig. Jedes Feedback ist im Grunde ein Geschenk, das unserer Entwicklung dient. Um dieses Geschenk annehmen zu können, muss man offen dafür sein, gut zuhören, sich nicht rechtfertigen und verteidigen oder den Geber angreifen oder abwerten. Um sich diese Haltung zum Feedback anzugewöhnen und die Feedbackleistung anzuerkennen, ist es hilfreich, sich nach einem Feedback immer zu bedanken. Und wenn Feedback regelmäßig gegeben wird, wird es zur Routine, die Hürde, es anzunehmen, wird weniger hoch. In vielen Unternehmen ist Feedback ein Standardinstrument, keineswegs nur für Berufsanfänger. Im Bildungskontext wird es dagegen noch viel zu selten eingesetzt, vor allem im Klassenraum. War mein Unterricht verständlich und interessant, was ist davon hängengeblieben? Diese Informationen dienen nicht nur der Verbesserung des Unterrichtens, sondern auch dem Aufbau einer guten Lernatmosphäre. Die Lernenden fühlen sich ernst genommen, weil sie Einfluss auf den Prozess des Lernens haben. Dabei gibt es ganz unterschiedliche Arten, Feedback einzuholen, direkt und mündlich oder anonym und schriftlich. Auch ein Abfragen, was von den Inhalten hängengeblieben ist, gibt Aufschluss darüber, ob die Lerneinheit effektiv war und wenn ja für wen.

Im Übrigen profitieren auch Schülerinnen und Schüler davon, wenn sie lernen, wie man gutes Feedback gibt und empfängt. Sich gegenseitig Feedback zu geben, erfordert Aufmerksamkeit, sensibilisiert und schult die Beobachtung. Und eine Rückmeldung kann möglicherweise von Gleichaltrigen leichter angenommen werden, als von der Lehrkraft und damit dem Lernprozess dienlich sein.

ÜBUNG: Feedback

Suche dir regelmäßig Gelegenheiten, um Feedback, gutes wie kritisches, zu geben und zu empfangen. Achte genau auf deine Wortwahl, beobachte, welche Art und Weise der Rückmeldung es deinem Gegenüber und dir selbst leicht macht, das Feedback anzunehmen und vergiss nicht, dich für Feedback von anderen zu bedanken.

Schülerinnen und Schüler aus Gymnasium, Grund- und Berufsschule geben Feedback

- Meine Lieblingslehrerin sitzt nicht nur an ihrem Schreibtisch und läuft auch mal rum. Sie setzt sich zu den Kindern und hilft ihnen. Unter meinen Aufgaben macht sie manchmal Herzchen, Smileys oder Stempel. Ava, 7 Jahre.
- Ich mag am liebsten Frau Z., weil sie laute Kinder nicht sofort anmotzt und nicht gleich laut wird. Lillith, 7 Jahre.
- Meine Klassenlehrerin kann gut erklären und man darf in selbstgewählten Projekten arbeiten. Wir dürfen mit dem iPad recherchieren und ein kleines Buch zum Thema erstellen. Malte, 8 Jahre.
- Frau E. ist die beste Lehrerin, weil sie sehr nett ist. Sie macht immer coole Forscherhefte mit Experimenten, die sind super spannend. Und sie hat immer gute Ideen! Tom, 10 Jahre.
- Ich finde es gut, wenn ein Lehrer auf Augenhöhe kommuniziert und zugibt, wenn er was Falsches sagt. Ein Schüler darf auch mal recht haben. Annika, 21 Jahre.
- An Frau W. schätze ich ihre Kritikfähigkeit. Und dass sie bereit ist, auch andere Lehrmethoden einzuschlagen, die von den Schülern vorgeschlagen werden. Florian, 18 Jahre.
- Frau F. hat eine Trillerpfeife, das ist immer so laut in den Ohren. Wenn sich im Sportunterricht ein Kind verletzt, fragt sie nicht nach, wie es dem Kind geht. Sogar, als sich Z. den Arm gebrochen hat, hat sie nicht geguckt. Lillith, 7 Jahre.
- Meine schlechteste Lehrerin ist sehr zickig. Sie schreibt immer die Tafel voll und wir müssen alles abschreiben. Erik, 8 Jahre.
- Mein Religionslehrer gibt den Kindern immer blöde Spitznamen. Malte, 8 Jahre.
- Die schlimmste Lehrerin an meiner Schule schickt die lauten Kinder raus. Sie sagt z. B. „Du bist hier nicht mehr an der Grundschule“ oder „Ich erkläre euch das jetzt so, ist mir egal, was eure Grundschullehrerin gesagt hat.“ Sie hat 2 Rechtschreibfehler in meinem Text gesehen und mich gefragt, ob ich eine Lese-Rechtschreib-Schwäche habe. Marie, 10 Jahre.
- Einer meiner Lehrer imitiert die Schüler. Er äfft sie nach. Das ist super unangenehm. Er hat das Kind, das sitzen geblieben ist, auf dem Kieker und reibt ihm das Sitzenbleiben unter die Nase. Valentina, 13 Jahre.
- Unser Lehrer will immer etwas Persönliches von uns wissen und gibt nie selber etwas preis. Ich würde mir ein Geben und Nehmen wünschen. Annika, 21 Jahre.

4.2.4 Entwicklung fördern wie ein Coach

Wissen steht allen jederzeit und überall zur Verfügung. Das Monopol für enzyklopädisches Wissen liegt schon lange nicht mehr in den Händen der Lehrkräfte. Daher ist auch die reine Weitergabe von Wissen für den Lehrberuf nicht mehr ausreichend. An die Stelle von Unterweisen tritt das Heranführen an Kompetenzen für den Umgang mit diesem Wissen durch kritisches Denken und selbstgesteuertes Lernen sowie die Förderung der Persönlichkeitsentwicklung. Und das erfordert Lerncoaches. Coaching Ansätze erlauben einer Lehrkraft, individuell zu fördern. Nicht indem man für jede Schülerin oder jeden Schüler ein individuelles Programm entwirft, sondern indem man sie darin unterstützt, ihren eigenen Lernweg zu finden.
Der Begriff des Lerncoaches wird immer häufiger für die Arbeit der Lehrkraft herangezogen. Hört sich gut an. Aber was macht eigentlich ein professioneller Coach? Und welche Kompetenzen muss ich beherrschen, wenn ich wie ein Lerncoach arbeiten will? Coachen bedeutet, Entwicklung zu fördern (Rogers, 2016). Dabei ist Coaching immer eine Partnerschaft. Es ist weder Beratung, noch Belehrung, noch Psychoanalyse. Ein Coach liefert keine Lösungen, auch wenn es noch so verlockend erscheint, auf diese Weise auf die Probleme oder Fragen anderer Menschen zu reagieren. Nicht einmal implizit darf der Coachee dahin manipuliert werden, wo der Coach sein Glück vermutet. Ein Coachee setzt sich seine Ziele selbst. Coaching ist eine systematische Form der Unterstützung dabei, den eigenen Lern- und Entwicklungsweg zum Erreichen dieser Ziele zu finden.

Eine Coaching-Sitzung läuft üblicherweise in folgenden Schritten ab und wird von einer Reihe typischer Fragen geleitet:

Arbeitsschritte einer Coaching-Sitzung	**Dazu passende Fragen**
Konkrete Ziele definieren	• Was möchtest du erreichen?
Aktuelle versus erwünschte Situation abgleichen	• Was fehlt dir dafür? • Was hast du bereits versucht? • Welche Konsequenzen hat ein Nichthandeln?
Optionen und alternative Handlungsstrategien betrachten	• Wie erreichst du deine Ziele? • Nach welchen Kriterien kannst du Optionen evaluieren und priorisieren?
Stärken, Schwächen und Bedarf ermitteln	• Was hilft dir bei der Umsetzung?
Herausforderungen und Hindernisse identifizieren – eigene und fremde	• Was steht der idealen Umsetzung im Weg?
Spezifische Aktionsschritte samt Zeitplan festlegen	• Was ist dein Plan? • Womit wirst du morgen beginnen?

Die nötigen Coaching Skills, um eine solche Unterhaltung zu führen, sind zuallererst Fragetechniken und zwar offene Fragen, die eine reflektierte Antwort, nicht nur ein Ja oder Nein erfordern. Das verlangt aktives Zuhören und reges Interesse, ohne allzu sehr zu intervenieren. Um Verständnis sicherzustellen oder dem Coachee seine Situation zu spiegeln, kann man Inhalte mit eigenen Worten wiedergeben. Es ist die Aufgabe eines Coaches, die richtigen Fragen zu stellen, aber die des Coachees, die Antworten darauf zu finden. Damit ist Coaching das Gegenteil von Unterweisung oder Anleitung und damit ein ziemlich großer Schritt weg von der klassischen Rolle der Lehrerin oder des Lehrers.

Lehrkräfte sind dafür ausgebildet, zu belehren und Rat zu geben. Stattdessen an die Ressourcen des anderen zu glauben und diese zu heben, ist daher in der Praxis keine leichte Aufgabe. Und es erfordert zu einem gewissen Grad, eingespielte Verhaltensweisen wieder aufzugeben. Nicht hilfreich ist vor allem die Angewohnheit, zu evaluieren oder gleich mit der richtigen Antwort oder einem guten Rat parat zu sein, einschließlich aller wohlgemeinten in suggestive Fragen verpackten Ratschläge wie ‚Hast du schon einmal über XY nachgedacht?‘ oder ‚Wäre es nicht eine gute Idee…?‘ Die Antwort ist jeweils bereits in der Frage enthalten. Stattdessen müssen wir offen sein für Antworten, auch wenn sie unseren Vorstellungen nicht unbedingt entsprechen und auch das hören, was unausgesprochen bleibt, aber eigentlich gesagt werden will.

Wirklich professionell als Coach zu arbeiten, erfordert eine umfassende Ausbildung und viele praktische Übungsstunden unter der Supervision eines erfahrenen Coaches. Aber es kann bereits das Lehrrepertoire bereichern, die Rolle des Coaches hier und da einzunehmen und mit Coaching Techniken zu arbeiten, um weg vom Unterweisen, hin zum Unterstützen und Fördern selbstgesteuerten Lernens zu kommen. Coaching Skills sind eine großartige Erweiterung des Werkzeugkastens einer Lehrkraft, um Möglichkeiten zu sehen, Grenzen zu erweitern, Fähigkeiten zu entwickeln und um die Bedingungen zu verstehen, unter denen menschliche Talente aufblühen können und diese Bedingungen zu schaffen.

ÜBUNG: Coaching Skills

Coache einmal übungshalber deine Freunde anhand der oben genannten Schritte. Dabei kann es helfen, sich von einer dritten Person beobachten zu lassen, die Feedback zu den Fragetechniken gibt und darauf hinweist, wenn man in alte Muster des Beratens und Belehrens verfällt, was allzu leicht passiert.

Als Lehrkraft selbst die Unterstützung eines professionellen Coaches in Anspruch zu nehmen, kann ebenfalls eine große Bereicherung sein. An seiner eigenen Weiterentwicklung ganz alleine zu arbeiten, ist eine schwierige Aufgabe. Der externe Blick kann für jeden in jeder Lebenssituation und vor allem für Profis, die mit Lernen und Entwicklung arbeiten, hilfreich sein.
Sich von außen eine neutrale, wohlmeinende und kompetente Unterstützung für seine Lehre zu holen, fördert das Selbstbewusstsein für die eigene Praxis und kann helfen, die Qualität unserer Arbeit zu verbessern. Durch den externen Blick können wir auf blinde Flecken und Muster aufmerksam gemacht werden, mit denen wir uns selbst im Wege stehen und die uns hindern zu verstehen, wie wir effektiv mit den unterschiedlichsten Persönlichkeiten arbeiten können. Und es ist natürlich eine wertvolle Quelle der Ermutigung gerade am Anfang der beruflichen Laufbahn, wenn die Erfahrung noch fehlt, um mit unterschiedlichen Lehrsituationen souverän umzugehen. Aber auch erfahrene Lehrkräfte, die durch wiederkehrende Misserfolge frustriert sind oder das Gefühl haben, in ihrer professionellen Entwicklung zu stagnieren, können dadurch neuen Aufwind bekommen.

4.2.5 Das Instrument Stimme formen

Interessant, verständlich und zielgruppengerecht Wissen zu vermitteln, ist die Kunst der Lehrkraft. Man kann sich dafür allerhand Hilfsmittel bedienen, vor allem im digitalen Zeitalter stehen schier unbegrenzte Ressourcen zur Verfügung. Aber das wichtigste Werkzeug in der Ausübung dieser Kunst ist die eigene Stimme. Sie dient nicht nur dazu, Informationen zu transportieren, sondern bestimmt auch, wie wir wahrgenommen werden und beeinflusst somit entscheidend unsere Wirkung.
Es gibt viele Gründe dafür, unser Instrument Stimme gut auszubilden und zu pflegen. Viele Lehrkräfte haben im Verlauf ihres Arbeitslebens eine zunehmend angegriffene Stimme. Eine von Anfang an schonend und effektiv eingesetzte Stimme ist dagegen gesünder und auf die Dauer belastbarer. Darüber hinaus dient die bewusst geformte Stimme keineswegs nur der Verständlichkeit des Gesagten. Sie kann auch Sympathie, Vertrauen, Überzeugungskraft vermitteln, denn Hörer ziehen daraus immer auch Rückschlüsse auf die Persönlichkeit des Sprechers. Dabei sind Lautstärke, Stimmlage und Intonation besonders wichtig. Eine volle, klare Stimme wirkt auf Zuhörer präsenter und überzeugender als eine dünne oder raue Stimme. Besonders bei Konflikten ist es effektvoll, seine Stimme souverän zu beherrschen. Hier hilft eine offene, lockere Stimme, im Stil etwa eines Radiomoderators, ein Tonfall, der keinen Druck ausübt, denn das provoziert nur Gegenwehr.
Und schließlich ist die Stimme eingebettet in den Körper, der Persönlichkeit und Gemütszustand unmittelbar zum Ausdruck bringt. Es gibt Menschen, die man wahrnimmt, sobald sie einen Raum betreten. Sie sind weder zerstreut und mit den Gedanken eigentlich woanders, noch übermüdet mit hängenden Schultern, sie

müssen sich nicht verstecken oder krampfhaft die Aufmerksamkeit auf sich ziehen. Sie sind einfach voll präsent. Körperhaltung und Positionierung im Raum bestimmen so ebenfalls deine Wirkung. Die richtige Körperhaltung strahlt Selbstbewusstsein, Attraktivität, Würde, Kompetenz, sogar Gesundheit aus. Die Haltung kann ganz unterschiedlich wirken. Breitbeiniges Sitzen oder verschränkte Arme signalisieren Arroganz und Abwehr, ein fester Stand und unverkrampfte Körperhaltung dagegen Souveränität. Häufiger Wechsel von Stand- und Spielbein wirken unsicher, wie auch typische Gesten wie die Hand im Nacken (eine Reaktion des sich Beschützens) oder das nervöse Spielen mit einer Haarsträhne.
Eine authentische Lehrkraft ist in der Lage, nicht nur durch ihre Haltung zu wirken, sondern durch ihre Stimme ihre ganze Persönlichkeit zum Ausdruck zu bringen. "The voice is the fingerprint of the soul", nannte der Schauspieler Daniel Day-Lewis diesen Zusammenhang in einem Interview. Dafür ist es allerdings nötig, wie Kristin Linklater, eine der bedeutendsten Stimmbildnerinnen des 20. Jahrhunderts es ausdrückte, die natürliche Stimme zu befreien. Denn diese Seele kann auch Schaden davongetragen haben oder sich verstecken. "The tensions acquired through living in this world, as well as defenses, inhibitions, and negative reactions to environmental influences, often diminish the efficiency of the natural voice to the point of distorted communication" (Linklater, 2007, S. 7).
Stimme und Persönlichkeit sind untrennbar miteinander verbunden. Wer an seiner Stimme arbeitet, formt gleichzeitig seine Persönlichkeit und wer als Persönlichkeit an Reife und Stärke gewinnt, wird dies auch in der Stimme zum Ausdruck bringen können. Mit anderen Worten, wer gelernt hat, mit Kraft, Wärme und Ausdruck statt mit knarrender oder piepsender Stimme zu sprechen, der wird auch mit mehr Kraft dastehen. In der Stimme finden Körper und Geist ihren Ausdruck. Mit ihr kann diese Gemeinsamkeit praktiziert, verdichtet und vertieft werden. "To unlock the mind, it (is) necessary to unlock the body and vice versa" (Linklater, 2007, S. 2). Sind die inneren Blockaden gelöst, kann der natürlichen, authentischen Stimme Ausdruck verliehen werden und die ganze Persönlichkeit dadurch wirken. Um dies zu erreichen, muss man die Balance finden zwischen den eher technischen kommunikativen Fähigkeiten und dem kreativen Ausdruck des inneren Selbst.
Kristin Linklater hat ein ganzes Buch geschrieben, in dem sie ihre Methode zur Befreiung der Stimme darlegt. Dort findet man präzise Anleitung und etliche Übungen, die Schritt für Schritt nachvollziehbar machen, wie man im Selbststudium eine starke, authentische Stimme herausbilden kann. Sich mit Stimmbildung und Körperarbeit (etwa in Form von Schauspielunterricht oder Tanz) zu befassen, Kurse zu besuchen und sich von professionellen Trainern ein Übungsprogramm verschreiben zu lassen, ist eine der besten Investitionen, die eine Lehrkraft machen kann, um das wertvolle Instrument Stimme effektvoll einzusetzen und eine optimale Wirkung zu erzielen.

ÜBUNG: Stimmbildung

Den ersten Schritt in der Ausbildung deines Arbeitsinstrumentes Stimme kannst du ganz einfach selbst tun. Um seine Stimme als Ausdruck seiner Person besser verstehen zu lernen, bedienen wir uns der Übung, die Kirstin Linklater in ihrem Lehrbuch als Vorbereitung für die Arbeit vorschlägt.

Schritt 1: Zeichne ein Bild mit dem Titel ‚Meine Stimme heute'. Bevor du den Stift in die Hand nimmst, schließe die Augen und nimm dir eine Minute Zeit, um dir das Bild geistig vor Augen zu führen.

Schritt 2: Zeichne ein anderes Bild mit dem Titel ‚Meine Stimme, wie ich sie mir wünsche'.

Schritt 3: Zeichne die Umrisse einer Figur. Nimm dir ein paar Buntstifte zur Hand und markiere entweder rein farblich oder durch konkrete Motive die Körperteile, die du als Probleme identifiziert hast und die dich davon abhalten, dass deine Stimme so ist, wie du sie dir wünschst.

4.3 Entwicklungswege beschreiten

4.3.1 Lernstrategien entwickeln

Wer niemals mit dem Lernen aufhört, kann einerseits besser nachvollziehen, wie sich die Schülerinnen und Schüler fühlen, denen wir permanentes Lernen abverlangen. Andererseits ändert sich die Welt um uns herum fortwährend und das erfordert auch von uns immer wieder Anpassung und damit neues Lernen. Und schließlich ist Lernen Entwicklung und ein Weg, zu seinem eigentlichen Selbst vorzudringen. Während der gesamten Ausbildungszeit musste man ständig lernen. Aber auch nach Jahren formalen Lernens sind Menschen unterschiedlich souverän und effizient darin. Wer seine eigene Lernbiografie in der Rückschau betrachtet, der wird wahrscheinlich feststellen, dass manches, möglicherweise sogar vieles sinnbefreites Zwangslernen war und wenig davon übriggeblieben ist. Daran haben bedauerlicherweise auch viele Lehrkräfte ihren Anteil, die Lerninhalte für stumpfes Nachvollziehen vorgeben, anstatt das natürliche, freudvolle, interessengeleitete, bereichernde Erkunden und Entdecken zu fördern. Nach vielen Jahren solchen Lernens müssen manche vielleicht das Lernen erst wieder neu entdecken, eigene Lernstrategien entwickeln, die keinem Zwang unterworfen sind, sondern den eigenen Interessen, Bedürfnissen und Leidenschaften folgen, um auch andere adäquat ans Lernen heranführen zu können.

Was also bedeutet überhaupt Lernen im 21. Jahrhundert? Lernen ist zunächst einmal eine Haltung gegenüber der Welt, die uns umgibt. Aus dieser Perspektive betrachtet kann jede Situation eine Lernsituation sein. Das meiste Lernen geschieht dann informell, das heißt außerhalb von formalen, institutionell organisierten Lernstrukturen. Aber damit es passiert, muss es bewusst wahrgenommen und als solches bewertet werden. Zum Beispiel kann man Bücher und Filme zur Unterhaltung lesen oder anschauen oder man kann etwas daraus lernen, noch dazu von den unglaublichsten Lehrmeistern, von Rockstars bis hin zu Meerjungfrauen. Man kann Unterhaltungen als Smalltalk betreiben oder als lehrreiches Expertengespräch. Lernen ist auch ein großartiges Spiel. Man kann es in tausend Varianten spielen, ganz nach eigenem Bedarf und persönlichen Präferenzen. Zum Beispiel auf dem Weg in die Arbeit nur in einer Fremdsprache denken. Oder ein Computerspiel auf eine fremde Sprache einstellen, um dem Ganzen noch eine Dosis Adrenalin hinzuzufügen, denn wer ein Kommando nicht versteht, wird die Mächte des Bösen vermutlich nicht bezwingen. Mit dieser Herangehensweise erfolgt das meiste Lernen in kleinen Portionen, in den Alltag integriert und diesen bereichernd, sogar als ad hoc Lernen beim Lösen von konkreten Problemen.

Natürlich kann Lernen auch ausgesprochen strukturiert und zielgerichtet sein. Eine sinnvolle Hinführung dazu ist, seinen eigenen Bedarf an Kompetenzen zu ermitteln, um das Lernen für sich relevant zu machen. Dazu dient die Übung des

Abgleichs von Anspruch und Realität in Kapitel 3, um auf der Basis dieser Analyse einen eigenen Lernplan zu entwickeln. Schon allein das Verfassen des persönlichen Lernplans in einigem Detail ist der erste Schritt des Lernens.

ZUM NACHDENKEN: Lernstrategien

Um Lernen als Entwicklung selbst in die Hand zu nehmen, kannst du dir als Ausgangspunkt folgende Fragen stellen:

Mit welcher Materie möchte ich mich auseinandersetzen, was will ich lernen?

Warum möchte ich diese bestimmte Kompetenz entwickeln, was kann ich damit erreichen?

Als nächster Schritt in der Entwicklung kann ich die passenden Ressourcen dafür identifizieren, mich fragen, wie ich mein Lernen realistisch organisieren kann und ob ich mir vielleicht einen Lernbuddy suchen möchte. Und wie ich es schaffe, dem Lernen ausreichende Aufmerksamkeit einzuräumen, denn sonst rutscht es schnell in der Prioritätenliste nach unten. Jeder muss die Lernstrategien identifizieren, die er oder sie braucht, um am besten weiterzukommen. Manchen liegt eher das Spielerische oder Zufällige, andere brauchen strenge Regeln, Zeiten und Strukturen. Die einen benötigen beim Lernen eine soziale Komponente, andere lernen lieber für sich alleine. Auch zusammen mit Gleichgesinnten oder Kolleginnen und Kollegen lässt sich Lernen wunderbar institutionalisieren und eine Kultur des Lernens etablieren, völlig ohne Kosten. Hier sind einige Ansätze, wie dies geschehen kann:

- Lernsessions organisieren, bei denen ein Mitglied des Kollegiums ein Thema vorstellt oder von einer Fortbildung berichtet
- Meetings enden lassen mit: was haben wir gelernt?
- Lern-Lunches oder Lern-Tees organisieren
- Gemeinsam Filme schauen und diskutieren
- Sich Gäste ins Haus holen und Löcher in den Bauch fragen
- Schüler als Lehrkräfte heranziehen
- Exkursionen zu Preisträgerschulen organisieren
- Exkursionen zu Unternehmen mit der besten Mitarbeiterführung organisieren, um sich danach gemeinsam Fragen zur Zusammenarbeit in der Organisation Schule zu stellen
- Kollegiale Fallanalysen durchführen, bei denen reihum Fälle im Team besprochen werden

4.3.2 Die Lernhaltung prüfen

Lernen wird so ganz automatisch Teil des täglichen Handelns und Seins. So betrachtet bedeutet Lernen eine Haltung der Offenheit für Neues, eigenständiges Erschließen fremder Themengebiete, Unsicherheitstoleranz, wenn man unbekanntes Terrain betritt und Ausdauer, wenn etwas Neues nicht gleich gelingt. Man lernt, indem man andere beobachtet, indem man Fragen stellt, einfach mal etwas anders macht als sonst und sich dabei beobachtet. Sich beim Lesen, Podcast hören oder Video schauen Notizen machen und jemand anderem davon erzählen bzw. etwas erklären, um zu testen, ob man alles verstanden hat – all das ist Lernen.

Auch Wege einschlagen, die sich als Sackgasse entpuppen und Fehler machen, sind bekanntermaßen wichtige Lernquellen. Es gibt unterschiedliche und zum Teil auch eher merkwürdige oder unproduktive Arten, mit Fehlern umzugehen. Manche glorifizieren Fehler, als seien sie ein Geschenk des Himmels und der einzig wahre Erkenntnisweg. Im traditionellen Unterrichtsdenken dagegen ist der Fehler ein Problem, das sanktioniert wird mit weniger Punkten oder schlechten Noten. Einen Fehler zu machen, ist erst mal ärgerlich, es zeigt, wie es nicht geht und das muss man auch nicht idealisieren. Aber es beweist auch, dass man sich etwas traut, anstatt im Bekannten zu verharren. Und da die Sache ohnehin schon misslungen ist, kann man wenigstens daraus eine Erkenntnis ziehen, damit sich der mögliche Schaden oder zumindest die aufgewendete Zeit dennoch lohnen.

Auch Lehrkräfte machen Fehler. Wer in der Lage ist, einen Fehler zuzugeben und gleichzeitig demonstrieren kann, wie man konstruktiv damit umgeht und dadurch zum Beispiel Analysefähigkeiten schult, der schafft sich ein sehr brauchbares Werkzeug der Entwicklung. Dieses Werkzeug jungen Menschen mitzugeben, ist wertvoll. Voraussetzung ist wie immer, dass man den Umgang mit diesem Werkzeug selbst beherrscht. Im Grunde sind Fehler der ultimative Test für Lernfähigkeit. Reagierst du mit einem undifferenzierten und lediglich selbstbestrafenden ‚ich bin so schlecht, ich mache immer was falsch' und legst das Thema damit zur Seite? Oder schaust du gleich genauer hin und analysiert: was ist hier schiefgelaufen? Wie ist es zu diesem Lapsus kommen? Wie kann es beim nächsten Mal besser gelingen?

ÜBUNG: Lernhaltung

Um Lernen als Teil des Alltags zu etablieren, ist die richtige Haltung zum Lernen die ausschlaggebende Grundlage. Um dich in deiner Haltung zum Lernen zu prüfen und um eine konstruktive Lernhaltung zu etablieren, ist der Umgang mit Fehlern ein guter Einstieg.

Schritt 1: Teste aus, was passiert, wenn du einen Fehler öffentlich zugibst. Wie fühlt es sich an? Welche Effekte bewirkt es, bei dir selbst und bei deiner Umgebung?

Schritt 2: Fehler sind dann konstruktiv, wenn sie eine neue Erkenntnis bringen oder einen dazu veranlassen, präziser zu sein, sich besser vorzubereiten, genauer hinzuschauen oder auch einen anderen Weg einzuschlagen, um das gewünschte Ziel zu erreichen. Führe dir einmal deine Top fünf Fehler vor Augen, also solche, die dir am meisten Erkenntnis gebracht haben. Du kannst mit ihnen eine Ausstellung kuratieren, sie thematisch ordnen und sie anderen präsentieren und damit eine Diskussion entfachen.

4.3.3 Lernen als ein Abenteuer gestalten

Die richtige Haltung zum Lernen ist ein guter Start. Man kann dem Lernen aber noch weiter auf den Grund gehen. Hirnforscher wissen inzwischen recht genau, wie Lernen funktioniert. Nicht kurzfristiges Auswendiglernen irgendwelcher Fakten, sondern echtes, transformatives Lernen. Ein Lernen, bei dem tatsächlich etwas passiert und nach dem man nicht mehr dieselbe Person ist wie vorher. Wenn man diese Zusammenhänge nicht nur verstanden hat, sondern sie auch umsetzen kann, dann weiß man, wie Lernen gestaltet sein muss, damit es der Entwicklung dient – der eigenen und der von jungen Menschen, deren Lernen wir verantworten.

Was passiert also beim Lernen im Gehirn? Oder anders gefragt, was muss gegeben sein, damit im Hirn etwas passiert? Jedem, der zu seiner Schulzeit befragt wird, fallen spontan Ereignisse ein. Es sind immer Erlebnisse, die hängen bleiben, wenn man versucht, sich zu erinnern. Nur selten sind es Fakten und Formeln. Das lässt sich heute wissenschaftlich erklären. Neuropsychologische Forschung hat eindeutig gezeigt, dass Emotionen, die das Lernen begleiten, eine wichtige Rolle spielen - im Guten, wie im Schlechten (Spitzer, 2007).

Wenn wir mit Dingen konfrontiert werden, die wir als Gefahr empfinden, sendet ein bestimmtes Gehirnareal, die Amygdala, Stresshormone aus, die bewirken, dass alle Energie in Notfallreaktionen (*flight, fight, freeze*) fließt. Für diejenigen Gehirnareale, die für die intellektuelle Verarbeitung, einschließlich der Erinnerung zuständig sind, steht in dem Moment weniger Energie in Form von Glukose und Sauerstoff zur Verfügung. Was als Gefahr wahrgenommen wird, muss dabei nicht einmal real und physisch sein. Bereits symbolische Gefahrensituationen, wie eine Prüfung oder eine öffentliche Präsentation reichen aus, um solche Reaktionen zu triggern. Wir vergessen Wörter, zu den einfachsten Fragen fallen uns keine vernünftigen Antworten ein. Wir würden uns am liebsten verkriechen oder fortlaufen oder reagieren übermäßig gereizt. An Offenheit und Lernen ist in diesem Moment im wahrsten Sinne des Wortes nicht zu denken.

Wir können uns die Macht der Emotionen zum Glück aber auch im positiven Sinne zu Nutze machen, wenn es um das Lernen geht. Lernen findet am besten in Zusammenhang mit positiven Emotionen statt, denn solche Emotionen helfen beim Erinnern. Begeisterung und die sie begleitenden Emotionen wirken, wie der deutsche Neurobiologe Gerald Hüther (Hüther & Hauser, 2021) es ausgedrückt hat, wie ‚Dünger fürs Gehirn'. Neurobiologisch gesprochen hängt das damit zusammen, dass Emotionen Prozesse in Gang setzen, die dazu führen, dass Nervenzellen neue Proteine bilden, die sie brauchen, um zusätzliche synaptische Verbindungen herzustellen oder andere fester zu machen. Positive Emotionen intensivieren und verfestigen also das Lernen.

Begeisterung stellt sich ein, wenn wir unseren Interessen nachgehen und etwas Neues erleben, das uns in Staunen versetzt. Ein solcher Lernprozess ist immer ein Heraustreten aus der Komfortzone des Bekannten und eine Auseinandersetzung mit einer neuen Situation, für die man keine Erfahrungswerte hat und keine erprobten Techniken einsetzen kann. Kindliches, ursprüngliches Lernen findet auf genau diese Art und Weise statt, weshalb sich Kinder auch so rasant entwickeln. Sie begeben sich permanent in Abenteuer.

Wenn wir auch als Erwachsene weiterhin lernen wollen, müssen wir wieder Abenteuer erleben, uns in unbekanntes Terrain wagen und uns Situationen aussetzen, deren Ausgang wir nicht vorhersehen können. Durch solche Erlebnisse wird Lernen erst nachhaltig und führt nicht nur zu einer Anhäufung von Wissen, das in unserem Gedächtnis bald wieder verblasst, sondern zu echter Transformation. Dazu gehört auch die Erfahrung, dass Lernen durchaus harte Arbeit ist. Die Dinge, die wir am ehesten verinnerlichen, haben wir uns mit einer gewissen Anstrengung erschlossen. Das beinhaltet experimentieren, dabei auch möglicherweise erst einmal gründlich scheitern, erforschen und explorieren. Entsprechend stark ist dann auch das Erfolgserlebnis, wenn der richtige Weg schließlich entdeckt wird. Und verlassen wird uns die auf diese Weise erworbene Erkenntnis so schnell nicht wieder. Lernen durch Erlebnisse schafft nachhaltige Erinnerungen.

Wer diese Erkenntnisse ernst nimmt, muss sich Gedanken darüber machen, wie ein Klassenraum zu einem Erfahrungsraum werden kann und wie die Welt zum Klassenraum. Um das auszuloten, fängt man am besten damit an, das eigene Lernen wie ein Abenteuer zu gestalten, an dem man diese Form des Lernens erproben kann.

ÜBUNG: Lernabenteuer

Um dein Lernen als ein Abenteuer zu begreifen, brauchst du zunächst einmal nur ein Thema. In welchem Bereich möchtest du dich weiterentwickeln? Sagen wir, es fällt dir schwer, auf andere Menschen zuzugehen. Diese Scheu schränkt dich immer wieder ein. Dazu kreierst du dir eine Erfahrungsmöglichkeit, eine echte, bei deren Vorstellung die Schmetterlinge im Bauch losflattern. Lade zum Beispiel eine Person aus einem Seminar, mit der du noch nicht viel gesprochen hast, auf einen Kaffee ein. Danach reflektierst du, wie es dir in dieser Situation ergangen ist. Was war schwierig, was würdest du beim nächsten Mal anders machen und womit bist du zufrieden.

Was ist dein Lernabenteuer?

Ein kleiner Tipp: Soziale Unterstützung ist für echtes Abenteuerlernen und Veränderung sehr nützlich. Wer sein Vorhaben geheim hält, kann ganz unbehelligt davon zurücktreten, ohne sein Gesicht zu verlieren oder eine Niederlage eingestehen zu müssen. Wer dagegen in seiner Umgebung von seinem Vorhaben berichtet oder noch besser Helfer und Unterstützer sucht, hat eine viel größere Wahrscheinlichkeit, sein Vorhaben auch umzusetzen.
Eines der erfolgversprechendsten Lernabenteuer ist, seine bekannte Umgebung zu verlassen und eine Weile in eine andere Kultur einzutauchen, z. B. ein anderes Bildungssystem kennenzulernen. Was kann man von anderen Ländern lernen, die möglicherweise eine ganz andere Vorstellung von Bildung und der Rolle der Lehrkraft haben? Wie lernen Kinder und Jugendliche in anderen Ländern? Was bedeutet es, dort Lehrkraft zu sein?

Mein Rat an angehende Lehrkräfte: Geht ins Ausland!

Alexander, Lehrer für Mathematik und Physik am Gymnasium:

„Geht ins Ausland! Nie wieder wird es so einfach sein. Nie wieder werdet ihr so unvoreingenommen neue Eindrücke aufnehmen.

Schule ist vor allem deshalb so träge, weil sie eine kulturell geprägte Institution ist. Jede neue Generation an Lehrkräften kennt nur ein Skript, wie Schule funktionieren kann, nämlich das, welches sie selbst als Schülerin oder Schüler erlebt haben.

Sei es in einer ausländischen Schule oder Universität: Der Blick über den deutschen Tellerrand durchbricht diesen Zyklus. Das Studium im Heimatland verschafft euch Fachwissen, aber der Blick nach links und rechts – darum müsst ihr euch selbst kümmern."

Hier kannst du über Alexanders Entdeckungsreisen nachlesen:
www.alexanderbrand.de

Viele Lehrkräfte haben nur einen eingeschränkten Erfahrungshorizont, Schule – Universität – Schule, der in krassem Gegensatz zu der Aufgabe steht, eine künftige Gesellschaft auszubilden. Was passiert eigentlich im Rest der Gesellschaft und in der Wirtschaft? Was haben andere Berufszweige einem voraus, von denen man sich

inspirieren lassen kann? Über den eigenen Tellerrand hinausschauen und sich mit der Welt auseinandersetzen – das schafft Selbstsicherheit und macht das eigene Lehren relevanter.
Wie will man überzeugend von der Sinnhaftigkeit eines Faches sprechen, wenn man selbst dieses Fach niemals zur Anwendung gebracht hat. Wenn man Theorien auf Theorien häuft und aus keiner glaubhaften Erfahrung berichten kann, dieses Fach einmal über den schulischen Kontext hinaus angewandt zu haben. Das Minimum ist, die Anwendung des Faches einmal studiert oder sich mit Fachleuten dazu ausgetauscht zu haben.

Mein Rat an angehende Lehrkräfte: Raus aus dem Schulsystem!

Margit, Lehrerin für Wirtschaft an Berufsschule und Wirtschaftsgymnasium:

„Ich brauche ein Leben außerhalb des Schulsystems, bevor ich Lehrer werde. Wenn ich den klassischen Weg gehe, Schule – Uni – Schule, dann kann ich die Schüler nicht auf das Leben vorbereiten, denn ich weiß gar nicht, was es außerhalb vom Schulsystem gibt.

Das Schulsystem ist eine Parallelwelt geworden, die nichts mehr mit der Realität zu tun hat. Lehrer müssen in meinen Augen raus und irgendetwas anderes gemacht haben und zwar nicht ein halbes Jahr Praktikum, sondern mehrere Jahre, etwas im wirklichen Leben."

Wie im Zusammenhang mit den gelebten Werten in Kapitel 3 dargelegt, ist auch das eine Frage von Kohärenz. Als Schülerin oder Schüler und im Studium leiden viele darunter, dass ihnen die Unterrichtsinhalte völlig sinnfrei und ohne Bezug zu den wirklich wichtigen Themen vorkommen. Wer als Lehrkraft diese Sinnfreiheit perpetuiert, macht sich der gleichen Zeitverschwendung schuldig. Sich hinter Lehrplänen zu verstecken, ist eine sehr schlechte Ausrede, denn kein Lehrplan schreibt vor, dass der Lehrstoff nicht auf etwas Konkretes, Sinnvolles angewendet werden soll. Wem die Fantasie dazu fehlt, dem stehen eine schier endlose Zahl an Materialien und Anwendungsbeispielen zur Verfügung. Jeder kann sich Experten ins Haus holen, die einem die Anwendung einmal glaubhaft vorspielen. Aber die eigene Erfahrung in einem Anwendungsgebiet ist unersetzlich.

4.3.4 Über sich lernen

Echte Lernabenteuer sind transformativ. Sie dienen nicht nur dazu, etwas über die Welt zu erfahren, sondern auch, die eigenen Grenzen zu erweitern und in der Aktion und der Konfrontation mit der Welt mehr über sich selbst zu lernen. Es gibt aber auch noch andere Wege, sich kennenzulernen. Durch eine Hinwendung nach Innen.

Bewusstes Reflektieren, ehrliche Selbstbetrachtung und feinfühliges Hinspüren wird in diesem Buch immer wieder angeregt und hilft, sich selbst besser zu verstehen und zu führen. Über sich selbst zu lernen, ist im Grunde ein Prozess, der zu einem höheren Bewusstsein führt. Es bedeutet, seine Bedürfnisse und Wünsche zu erkennen, eigene von fremden Gedanken zu trennen, seine Gedanken und Taten bewusst zu lenken, seine Vorhaben klar zu definieren und sie selbstverantwortlich umzusetzen.

ÜBUNG: Bewusstseinsentwicklung

Die serbische Performance Künstlerin Marina Abramović hat eine Methode entwickelt, zu einem höheren Bewusstsein und einer differenzierteren Wahrnehmung und Kenntnis seiner selbst zu gelangen (Abramović & Tylevich, 2022). ‚Reboot your life' nennt sie diese Schritte, die ihr selbst geholfen haben, ihre mental äußerst anspruchsvollen Performances vorzubereiten. Hier sind vier Beispiele zu deiner Inspiration. Du kannst auch eigene Übungen in diesem Format entwickeln. Beobachte dabei gut, wie du auf diese Herausforderungen und ungewöhnlichen Situationen reagierst. Schaffst du es, durchzuhalten? Was machen diese Übungen mit dir? Die Auszüge aus ihrer unorthodoxen Methode geben einen Einblick, wie die Arbeit an der eigenen Bewusstseinsentwicklung vonstatten gehen kann.

FINDE MORGENS ALS ERSTES EINEN FESTEN STAND.
Stehe um 6 Uhr morgens auf und laufe, egal bei welchem Wetter, sofort nach draußen. Spüre den Boden unter deinen Füßen und erspüre deinen Körper. Falls gesetzlich erlaubt, tue dies nackt.
Dauer: 15 – 30 Minuten

BETRACHTE DEIN SPIEGELBILD. Setze dich für eine Stunde bewegungslos auf einen Stuhl und betrachte dich im Spiegel.
Dauer: 1 Stunde

SCHAUT EINANDER AN. Für diese Übung benötigst du einen Partner oder eine Partnerin. Setzt euch auf Stühlen einander gegenüber. Schaut euch in die Augen und versucht, wenig zu blinzeln. Bleibt bewegungslos.
Dauer: 1 Stunde

ZÄHLE JEDES REISKORN UND JEDE LINSE. Mische ungekochten Reis und ungekochte Linsen. Verpflichte dich, die gesamte Menge zu zählen. Trenne Reis und Linsen und zähle jedes Reiskorn und jede Linse. Halte auf einem Papier fest, wie viele es sind.
Dauer: So lange du brauchst

Um seine Persönlichkeit authentisch in die Lernsituation einbringen zu können, ist es unabdingbar, sich sehr gut zu kennen und in unterschiedlichen Situationen erlebt zu haben. Die Arbeit an sich selbst ist eine anspruchsvolle Aufgabe und ein langwieriger Prozess. Selten passieren Veränderungen als revolutionäre Umwälzung, viel eher als langsamer, gradueller Vorgang in mehreren Stufen. Aber du kannst sie aktiv angehen und dich auch in dieser Hinsicht selbst schulen. So kann die eigene Persönlichkeit zum Werkzeug deiner Arbeit werden. Und so dringst du zu der im dritten Kapitel beschriebenen kohärenten professionellen Identität vor, auf deren Grundlage effektives Lernen vermittelt wird. Du selbst bist dein stärkstes Werkzeug, wenn du verstehst, es einzusetzen.

5 Schülerwelten

Unterrichten ist Beziehungsarbeit. Diese Aussage wird häufig vorgebracht und ist fast schon eine Binsenweisheit. Allerdings ist keineswegs ebenso klar, was nötig ist, um eine solche konstruktive Lernbeziehung zu gestalten, welche Fähigkeiten eine Lehrkraft mitbringen muss, um diese aufzubauen und durch Krisen zu führen und wie diese Beziehungskompetenzen konkret entwickelt werden können. Mit den wichtigsten Beziehungskompetenzen für Lehrkräfte werden wir uns in diesem Kapitel beschäftigen.

Übungen:

Trainingsplan Empathie und Perspektivenwechsel

Wirklich verstehen

Stufen des Zuhörens

Beobachten

Rollenspiele

5.1 Den richtigen Schlüssel finden

Warum ist eine positive Beziehung für das Lernen so wichtig? Die Voraussetzung dafür, dass echtes Lernen stattfindet, ist eine fördernde Grundhaltung der Lehrperson und eine positive, vertrauensvolle Beziehung zwischen Lernenden und Lehrkraft. Auf der Basis einer solchen Beziehung haben Kinder den Mut, sich in unbekannte Situationen zu begeben, in denen echte Lernerfahrungen stattfinden können. Sie fühlen sich gesehen und ernst genommen und dadurch bestärkt und motiviert.

Aus wissenschaftlichen Untersuchungen ist bekannt, dass eine Klassenzimmeratmosphäre, die von herzlichen und engagierten Lehrer-Schüler Beziehungen geprägt ist, tiefer gehendes Lernen fördert (Farrington et al., 2012; Merritt et al., 2021; Schonert-Reichl, 2017). Kinder, die sich bei ihren Lehrern und Mitschülern wohlfühlen, sind eher bereit, sich mit anspruchsvollem Stoff auseinanderzusetzen und bei schwierigen Lernaufgaben beharrlich zu bleiben. Umgekehrt finden Erwachsene, die Kinder und Jugendliche als eigenständige Persönlichkeiten wahrnehmen, auch eher einen Zugang zu individuellen Problemen, die möglicherweise dem Lernen im Weg stehen. Und schließlich können sich Lehrkräfte, die eine vertrauensvolle Beziehung zu ihren Schülerinnen und Schülern aufgebaut haben, effektiver in der Klassenführung engagieren (Jones & Bouffard, 2012). Zeit in Beziehungsarbeit und damit in eine gute Lernatmosphäre zu investieren, ist für beide Seiten vorteilhaft.

Die Bedeutsamkeit dieses Aspekts der Lehrtätigkeit rückt immer mehr in den Vordergrund. Einerseits weil die Ausbildung von Zukunftskompetenzen und eine umfassende Förderung stärker von einer gelungenen Beziehungsarbeit abhängen, als die traditionelle Wissensvermittlung. Andererseits, weil die immer heterogener werdenden Klassen mit Schülerinnen und Schülern aus unterschiedlichsten Familienkonstellationen und Kulturen, die ihre vielfältigen Wünsche, Bedürfnisse und Probleme mit ins Klassenzimmer bringen, Lehrkräfte in ihren sozialen Kompetenzen immer stärker fordern. Diese sozialen Kompetenzen liefern den Schlüssel zu jedem einzelnen jungen Menschen.

Soziale Kompetenzen sind nicht, wie lange angenommen, feststehende Persönlichkeitsmerkmale. Man kann sie wie alle Kompetenzen gezielt trainieren und damit verändern und weiterentwickeln. Die zentrale soziale Fähigkeit Empathie beispielsweise lässt sich nicht nur messen, sondern auch nachweislich durch regelmäßige Übungseinheiten entfalten. Ebenso können kommunikative Fähigkeiten unabhängig von den jeweiligen charakterlich bedingten Vorlieben entwickelt und eingesetzt werden. Jemand mag beispielsweise einen introvertierten Charakter haben, aber trotz der persönlichen Präferenz, sich in einem Gespräch eher zurückzuhalten, in der Lage sein, das Wort zu ergreifen, wenn die Situation es erfordert.

Hier wird deutlich, worin in diesem Zusammenhang die Professionalität von Lehrkräften besteht. Jeder Mensch hat Präferenzen und verspürt Zu- oder Abneigungen, auch gegenüber anderen Personen. Während man bei Freunden, der Partnerin oder dem Partner auf diese Qualitäten und die damit einhergehenden Verhaltensweisen achtet und sein soziales Umfeld entsprechend selektiert, kann man sich in seinem Arbeitsumfeld Schülerinnen und Schüler, Kollegen und Vorgesetzte in den meisten Fällen nicht aussuchen. Professionalität besteht dann darin, unabhängig von eigenen Präferenzen mit allen gut arbeiten zu können und ihnen eine bedingungslose Wertschätzung, Respekt und Vorurteilsfreiheit entgegenzubringen. Interesse an den Gründen für ein Verhalten, an einer anderen Kultur oder an einer Geschichte, die zu einer bestimmten Haltung geführt hat, tritt in diesem Fall an die Stelle des eigenen Bedürfnisses nach Sympathie, Harmonie und Übereinstimmung mit einer ausgewählten Gruppe und Vermeidung oder gar Benachteiligung einer anderen.
In der Lehrer-Schüler Beziehung kulminieren im Grunde alle Ansprüche, die die Forderung nach Professionalität an die Lehrkraft stellt. Profi zu sein bedeutet, seine Persönlichkeit in die Lernbeziehung einzubringen, ohne irgendwelche persönlichen Erwartungen an die Beziehung zu stellen. Wie Ärzte, Seelsorger, Coaches, Trainer oder Psychologen, deren Aufgabe es zwar ist, zu helfen und zu fördern, die aber nie ihre eignen Wünsche und Hoffnungen in die Arbeit mit ihren Klienten einfließen lassen dürfen, so müssen auch Lehrkräfte eine hochprofessionelle Herangehensweise finden, um förderliche Beziehungen zu führen.
Die dafür notwendigen sozialen Fähigkeiten sind nicht nur essenziell für die Arbeit mit jungen Menschen. Ihre Förderung ist auch einer der wichtigsten Beiträge, die Lehrkräfte für die Ausbildung ihrer Schülerinnen und Schülern leisten können. Wie wir bereits in Kapitel 1 gesehen haben, werden soziale Kompetenzen nicht nur in der Arbeitswelt immer stärker nachgefragt. Sie bestimmen auch, wie etwa die Untersuchungen des US-Ökonomen James Heckman zeigen, alle möglichen Erfolgsfaktoren im Leben, von Arbeit und Einkünften bis zu Gesundheit und sind selbst für das Erlernen kognitiver Kompetenzen entscheidend (Heckmann, o.D.). Und wie bei unserer Betrachtung der Zukunftskompetenzen in Kapitel 2 klar wurde, ist die Grundlage für das Entwickeln menschlicher Fähigkeiten, dass die Lehrkraft diese Fähigkeiten auch selbst beherrscht und sich eingehend mit ihnen auseinandergesetzt hat.
Je mehr man über Menschen weiß, desto besser kann man sie verstehen. Menschenkenntnis hat psychologische, biologisch-physiologisch-neurologische, soziale und historisch-kulturelle Dimensionen. Und eine sehr individuelle Erfahrungsdimension, nämlich wie man selbst sich einem Menschen nähert und seine eigene Persönlichkeit und seine Biografie in die Beziehung einbringt. Man kann nicht erwarten, eine perfekte Lehrkraft zu sein, die ein für alle Mal verstanden hat, wie Lehren und der richtige Umgang mit Schülerinnen und Schülern geht, weil immer wieder neue

Lernende, neue Situationen und Rahmenbedingungen auftauchen. Aber man kann immer besser darin werden, den richtigen Schlüssel zu finden, sich selbst nicht im Wege zu stehen und positive Energie in den Lernprozess einfließen zu lassen, ohne dabei selbst Energie zu verlieren.
In diesem Kapitel beschäftigen wir uns mit den verschiedenen Aspekten der Frage, was eine Lehrkraft dazu befähigt, unterschiedliche Kinder und Jugendliche zu verstehen, eine vertrauensvolle Lernbeziehung zu gestalten, förderliche Gespräche zu führen und in herausfordernden Situationen souverän zu bleiben.

5.2 Beziehungskompetenzen entwickeln

5.2.1 Empathie und Perspektivenwechsel

Die beiden wichtigsten sozialen Kompetenzen der Lehrkraft sind Empathie, also sich in die Emotionen des anderen einzufühlen, beziehungsweise auf diese Emotionen einzugehen und die Fähigkeit zur Perspektivenübernahme, also die Pläne und Absichten eines anderen nachvollziehen zu können. Daran hängen eine Vielzahl einzelner untergeordneter Fähigkeiten, wie Sprache, Blicke oder Mimik zu interpretieren, den kulturellen Hintergrund des Gegenübers mit einzubeziehen wie auch seine eigenen Vorurteile und Wahrnehmungsfehler zu erkennen und eingrenzen zu können. Viele Situationen erfordern eine Kombination aus verschiedenen dieser Einzelkompetenzen.
Schauen wir uns zunächst genauer an, welche Erkenntnisse zum Thema Perspektivenwechsel gewonnen wurden, die uns in der Praxis weiterbringen. Dacher Keltner, Professor für Psychologie an der Berkeley Universität mit einem großen Interesse für das Staunen, hat sich beispielsweise mit dieser Thematik auseinandergesetzt (Keltner, 2023). Er zeigt, dass man die Fähigkeit zum Perspektivenwechsel mit einer Reihe von Methoden entwickeln und trainieren kann. Die erste dieser Methoden beinhaltet, seine Neugierde zu kultivieren. Denn Grundvoraussetzung für den Perspektivenwechsel und ganz generell für den Aufbau einer guten Lernbeziehung ist, dass man sich für sein Gegenüber interessiert und etwas über diese Person erfahren möchte.
Die zweite Methode besteht darin, seine eigenen Vorurteile infrage zu stellen, um seinen Blick zu weiten und eine andere Sicht auf die Welt überhaupt erst zuzulassen. Der dritte Weg ist ein ganz praktischer und regt an, ein anderes Leben für eine Weile auszuprobieren. Die vierte Methode besteht im Erwecken der Phantasie, um seine Vorstellung von Lebensentwürfen über den eigenen Erfahrungshorizont hinaus zu erweitern.
Diese Methoden kann jeder in seinen Alltag einbinden, um seine Fähigkeiten zum Perspektivenwechsel zu steigern. Es bedarf etwas Mut und Initiative, um das Leben eines anderen eine Weile lang auszuprobieren, so wie es uns zum Beispiel der

Journalist Günter Wallraff (1985) vorgelebt und in seinen großartigen Reportagen dokumentiert hat. Aber auch kontemplative Ansätze können uns in dieser Kompetenz weiterbringen. Wenig regt die Phantasie stärker an, als die Lektüre großer Werke der Literatur. Brillant erzählte Geschichten betrachten Protagonisten nicht nur von außen, sondern erlauben dem Leser, ins Innerste der Figur vorzudringen, ihre Gedanken zu denken, ihre Sprache zu sprechen und ihre Gefühle zu leben, sich die Szenen dazu vorzustellen und im Geiste zu bebildern. Dadurch kann man Einblicke in unbekannte Lebenswelten gewinnen und sein Verständnis für andere Charaktere, Lebensentwürfe oder Schicksale ganz wesentlich erweitern.

Auch von Ergebnissen der Empathieforschung kann man sich inspirieren lassen. Tania Singer, Professorin für soziale Neurowissenschaften, hat Übungen für ein Empathietraining konzipiert (Singer & Bolz, 2013) und die Effekte dieser Übungen mit Methoden der Hirnforschung an Probanden untersucht. Ihr Forscherteam hat gezeigt, dass bereits simple regelmäßige Vorstellungsaufgaben, wie etwa jemandem bewusst gute Gedanken zu schicken, signifikante Auswirkungen auf die Empathiefähigkeit haben. Hirnstrukturen, die für Empathie zuständig sind, sind bei trainierten Probanden messbar stärker entwickelt. Mit diesen Untersuchungen hat Singer verdeutlicht, dass es sich bei der Empathie nicht ausschließlich um eine Charakterfrage handelt, also ob eine Person von Grund auf empathisch veranlagt ist oder nicht, sondern damit auch Fähigkeiten verbunden sind, die ein jeder einüben kann.

Eine wichtige Komponente in der Entwicklung der Fähigkeit zur Empathie ist Wohlwollen. Dazu gehört, sein Gegenüber so zu nehmen, wie es ist und sich einer Bewertung zu enthalten. Die bewertungsfreie Grundhaltung einer Lehrkraft ist eine Voraussetzung dafür, dass junge Menschen frei handeln und sich ungehemmt entwickeln können. Nicht zu urteilen, ist weder einfach, noch ist es unsere natürliche Art, mit anderen Menschen zu interagieren. Wir alle tendieren dazu, zu evaluieren und die Welt in überschaubare Einheiten einzuteilen und zu kategorisieren. Aber es ist Teil der Professionalität einer Lehrkraft, jedem offen und ohne zu werten zu begegnen.

Sich diese Haltung anzueignen, beginnt mit einer guten Selbstwahrnehmung und dem Anerkennen der eigenen Annahmen und Präferenzen. Im Umgang mit anderen wird sich schnell eine Sympathiehierarchie einstellen. Wir alle haben persönliche Befangenheiten und Präferenzen. Es geht nicht darum, diese Präferenzen zu leugnen oder zu annullieren, sondern sie sich bewusst zu machen und einen professionellen Umgang damit zu pflegen. Vorurteile sind unvermeidlich, sowohl positive als auch negative. Sie sind fest in uns Menschen verankert, denn unser Gehirn funktioniert immer noch nicht grundsätzlich anders als das des Homo sapiens, als diese Spezies vor etwa 300.000 Jahren entstand. Zu diesen Zeiten war das Leben kurz und gefährlich und es war wichtig, Unterschiede erkennen zu können, denn Andersartigkeit bedeutete schnell eine Bedrohung für das Überleben.

Präferenzen bewirken, dass wir uns zu manchen Menschen unmittelbar hingezogen fühlen, während andere unsere Abneigung hervorrufen. Wenn wir eine starke Abneigung empfinden, ist es in dem hier betrachteten Zusammenhang weniger bedeutsam, diese Person und ihre Defizite zu untersuchen, als vielmehr zu fragen, warum wir eine solch starke Abneigung empfinden und was das über uns aussagt. Kann es sein, dass wir einen bestimmten Charakterzug an uns selbst nicht gutheißen und diese negative Einstellung auf andere projizieren? Zum Beispiel eine Abneigung gegen Streberkinder, wenn man selbst zu Schulzeiten eines war und dieses Image unbedingt loswerden möchte. Abneigungen können auch daher rühren, dass einen die betreffende Person an eine andere erinnert, etwa ein Familienmitglied oder einen Lehrer in der eigenen Schulzeit, mit der wir schlechte Erfahrungen gemacht haben.

Auch positive Vorurteile können problematisch sein. Auf den ersten Blick erscheint die Arbeit mit Schülerinnen und Schülern, die spontan Antipathie bei uns wecken, möglicherweise schwieriger, als mit solchen, die einem sympathisch sind. Aber auch Letzteres hat seine Tücken. Sympathie triggert schnell eine Erwartung von Gegenliebe und Reaktionen wie unangebrachte Bevorzugung oder das Verlangen, unbedingt helfen zu wollen. Deswegen sind auch die positiven Präferenzen kritisch zu betrachten. Kinder und Jugendliche sind nicht dazu da, die Bedürfnisse der Lehrkräfte zu bedienen, sei es ein Bedürfnis zu helfen oder ein Bedürfnis, Zuneigung zu erfahren. Wenn Gefühle ins Spiel kommen, ist es immer lohnend, sich die Frage zu stellen, was hat das mit mir zu tun? Woran erinnert mich das jetzt gerade? Warum fühle ich mich genervt von dem Verhalten, was mir entgegengebracht wird oder warum reizt mich gerade eine bestimmte Schülerpersönlichkeit besonders?

In alldem ist es also wichtig, sich nicht von seinen jeweiligen Emotionen gegenüber unterschiedlichen Personen mitreißen zu lassen, sondern die Konstellation mit kühlem Kopf zu analysieren und zu differenzieren. Vereinfacht ausgedrückt geht es etwa darum, zwischen ‚Streberkinder sind ätzend' und ‚ich mag aufgrund meiner eigenen Biografie keine Streberkinder' unterscheiden zu können und zwischen den Taten einer Person und der Person selbst zu differenzieren. So kann man eine eindimensionale Beurteilung durch Offenheit und Neugierde gegenüber dieser Person, aber auch gegenüber den eigenen Reaktionen auf diese Person entschärfen. Die immer weiter steigende Diversität in den Klassenräumen bietet dafür ein tägliches Übungsfeld.

ÜBUNG: Trainingsplan Empathie und Perspektivenwechsel

Die im Folgenden vorgestellten Trainingsansätze sind unterschiedlicher Natur, aber alle dienen dazu, dein Repertoire im Umgang mit anderen Menschen zu erweitern und dich selbst besser kennenzulernen. Um spielerisch deine Fähigkeiten zu steigern, kannst du dir jede Woche eine neue Einheit ausdenken, um Empathie und Perspektivenwechsel zu trainieren und jeweils am Wochenende darüber nachdenken.

In einer Woche interessierst du dich für eine Person, die dir sehr fremd ist und versuchst, mehr über sie zu erfahren und dich auch mit deinen eigenen Vorurteilen zu konfrontieren.

In der nächsten Woche konzentrierst du dich auf das Schicken guter Gedanken, um deinen ‚Empathiemuskel' zu trainieren.

Ein anderes Mal nimmst du dir eine besondere Lektüre vor und liest sie nicht einfach zur Unterhaltung, sondern setzt dich bewusst mit der Gedanken- und Gefühlswelt des Protagonisten auseinander, dessen Leben so ganz anders ist, als dein eigenes.

Und schließlich, unternimm einmal den mutigen Versuch, das Leben einer anderen Person tatsächlich eine Weile auszuprobieren, um zu sehen, wie du darauf und andere Menschen auf dich in der neuen Rolle reagieren.

All diese Trainingseinheiten zusammengenommen werden deinen Horizont ganz wesentlich erweitern und dich darin schulen, den unterschiedlichsten Menschen offener und im guten Sinne neutraler entgegenzutreten.

Wie sieht dein Trainingsplan des Monats aus?

5.2.2 Die Kunst der Gesprächsführung

Gespräche sind eine Form der Annäherung und ein Werkzeug, um Beziehungen aufzubauen, Empathie zu demonstrieren und mehr über die Perspektive seines Gegenübers zu erfahren. Sie sind ein wirkungsvolles Werkzeug, um Lernziele zu definieren und zu motivieren, Probleme anzusprechen oder Konflikte zu lösen. Gute Gespräche können Vertrauen aufbauen, Positionen klären und Erkenntnis fördern. Wie führt man ein solches Gespräch?

Fragen wir nach bei einem Meister der Gesprächskunst, Chris Voss. Wenn man ihm zuhört (was zumindest indirekt über etliche Videoaufzeichnungen im Internet leicht möglich ist), dann erscheint er erst einmal nicht sonderlich charmant, mit einer schnodderigen Stimme und nicht unbedingt vertrauenerweckendem Aussehen.

Aber hinter diesem etwas ruppigen Auftreten verbirgt sich eine unglaubliche Feinfühligkeit und Geschicklichkeit. Chris Voss hat viele Jahre für das FBI schwierige Verhandlungen geführt und dann zusammen mit Forschern von der Harvard Universität untersucht, was effektvolle Gesprächsführung auszeichnet und die Ergebnisse in einem spannenden Buch zusammengetragen (Voss & Raz, 2017).
Für Chris Voss geht es bei jedem Gespräch und jeder Verhandlung, egal ob mit Terroristen und Bankräubern, im Business, in Paar- oder Arbeitsbeziehungen immer um ganz grundlegende Regeln der Menschlichkeit. Der größte Fehler in Gesprächen besteht für Voss darin, dass die meisten Menschen nur hören, um zu antworten, anstatt zuzuhören, um zu verstehen. Dabei spielt auch für ihn das Wahrnehmen von Emotionen eine zentrale Rolle, um nicht nur Fakten aufzuschnappen, sondern auch zu spüren, was die Person in Bezug auf diese Fakten empfindet.
Wer also seine Ziele im Gespräch erreichen will, muss als erstes die Bedürfnisse des anderen erkennen. Das sind laut Voss meistens menschliche Urbedürfnisse wie Autonomie, sich gesehen fühlen, die Kontrolle behalten oder auch Beruhigung von Ängsten. Die Perspektive des anderen einzunehmen, seine Bedürfnisse und Interessen zu verstehen, bedeutet nicht, dass wir mit dem Gesagten einverstanden sein müssen oder dem anderen gar Sympathie entgegenbringen sollen. Verständnis drücken wir auch nicht mit dem Satz ‚das kann ich gut verstehen' aus. Zu demonstrieren, dass wir den anderen wirklich verstanden haben, was die andere Person dann selbst mit einem ‚genau' oder ‚das ist richtig' quittiert, ist ein echter Gesprächserfolg. Dahin bringen uns Offenheit und Interesse, aktives Zuhören und gute, das heißt offene Fragen.
Von Chris Voss kann man eine ganze Reihe erfolgreicher Gesprächstechniken lernen. Zum Beispiel, nicht gleich auf einen Satz zu antworten und seine eigene Sicht auf den Sachverhalt einzubringen, sondern eine Pause einzuräumen. Das lädt das Gegenüber zum Weitersprechen ein und dazu, mehr Details Preis zu geben. Die Wiederholung der letzten Wörter des Satzes, den unser Gesprächspartner gesprochen hat, bringt die Person meist eher dazu, das Gesagte noch einmal zu präzisieren oder zu vertiefen, als bohrendes Nachfragen. Auch eine Person, die einen aggressiv angeht, mit Freundlichkeit zu überraschen, kann wirkungsvoll sein.
Diese Gesprächsstrategien lassen sich mit großem Gewinn im Schulkontext anwenden, denn Interesse, Vertrauen und Zutrauen sind auch hier die Zutaten einer gelungenen Beziehungsarbeit. Vertrauen baut man am allerbesten dadurch auf, dass man echtes Verständnis demonstriert. Eine Lehrerin erzählte mir einmal davon, wie sie einen auffälligen Jungen erfolgreich zur Kooperation bewegte, indem sie ihm mit Blick auf seine Stärken eine Aufgabe anvertraute. Der Junge war überrascht, dass ihm etwas zugetraut wird und er Verantwortung übertragen bekommt, anstatt ihn mit Negativreaktionen auf sein Verhalten zu sanktionieren und weiter einzuschränken. Anzuerkennen, was man im anderen sieht und dem Ausdruck zu verleihen, kann manchmal Wunder wirken.

Mit Schülern reden, nicht über sie – Gespräch mit einem ‚Problemschüler'

Vicky, Lehrerin für eine Projektprüfung an einer Brennpunkt Werkrealschule:

„Meine Aufgabe war es, die Schülerinnen und Schüler auf diese Projektarbeitsprüfung in Form einer Präsentationsprüfung vorzubereiten. Ein Schüler wurde mir schon als verhaltensauffällig und schwer erziehbar angekündigt. Mir wurde mitgeteilt, dass ich ihn sonst einfach rausschmeißen solle aus dem Kurs.

Am zweiten Tag war er etwas unruhig und rief häufiger vulgäre Kommentare in den Raum, woraufhin ich mit ihm ein persönliches Gespräch suchte. Nach einem anfänglich herausfordernden Gespräch, fing er an zu weinen und erzählte, dass in seiner Familie eh alle sagen, dass aus ihm nichts wird und er voll der Loser sei. Heute Morgen hätte er die ganze Zeit gefroren, weil ein anderes Geschwisterkind heute die Winterjacke (die sich 5 Kinder teilen) tragen durfte und dann hätten andere Kinder ihn ausgelacht. Seine Lehrerin würde ihn dissen, weil er Roma sei, dabei würde er gar nicht klauen.

Nachdem ich ihm ein paar wertschätzende und ressourcenstärkende Worte entgegnet habe und ihm klar gemacht habe, dass er all diese Fähigkeiten nutzen könne für seine Prüfung und die genauso relevant sei, wie die Hauptfächer (von der Gewichtung für den Abschluss), war er hochgradig motiviert.

Ich bekam später die Rückmeldung, dass er die Prüfung „überraschend" gut bestanden hätte und wurde gefragt, was ich denn mit „dem" gemacht hätte. Darauf erwiderte ich, dass ich nur MIT ihm geredet hätte – statt über ihn."

Von solchen Anekdoten gibt es viele, es greifen immer wieder dieselben Mechanismen, wenn es darum geht, die wahren Bedürfnisse und Beweggründe einer Schülerin oder eines Schülers zu erkennen und darauf einzugehen. Was sind eigentlich unsere ‚Bedürfnisse'? Jenseits der bereits erwähnten urmenschlichen Handlungsmotive, wie Kontrollverlust, Ängste oder Freiheitsbeschränkung, die oft vor allem in emotional aufgeladenen Momenten eine Rolle spielen, gibt es eine große Anzahl an spezifischen Bedürfnissen, die Verhalten motivieren.

Manchmal ist es gar nicht so leicht, die einem bestimmten Verhalten zu Grunde liegenden Bedürfnisse zu erkennen und einen Begriff dafür zu finden, einschließlich bei sich selbst. Wenn eine Person beispielsweise unwirsch und in unseren Augen vielleicht sogar übertrieben darauf reagiert, wenn ein Termin verschoben wird, während andere einfach den Kalender zücken und den Termin neu eintragen, dann kann man sich fragen, welches Bedürfnis in diesem Moment angegriffen wurde. Vielleicht liegt ein großes Verlangen nach Stabilität vor und jedes Umorganisieren erzeugt Irritationen. Oder die Person fühlt sich ausgeschlossen, weil die Entscheidung ohne sie

getroffen wurde. Herausfinden kann man dies nur mit einem geschickten Gespräch, denn ein ‚Warum stellst du dich so an, nur weil wir das Meeting eine Stunde verschoben haben?‘ wird nicht unbedingt zu einer reflektierten und aufschlussreichen Antwort führen.
Die Methode der gewaltfreien Kommunikation, eine Sparte im großen Feld der Kommunikationsforschung, befasst sich eingehend mit bedürfnisgeleiteten Ansätzen. Marshall B. Rosenberg, der Gründer des Center for Non-violent Communication, hat eine ausführliche Liste von Bedürfnissen zusammengetragen, die bei der Kommunikation zum Ausdruck kommen können.

Verschiedene Bedürfnisse können Kommunikation leiten:

Autonomie	Verbindung	Entwicklung	Körperliche Bedürfnisse
Freiheit	Wertschätzung	Wachstum	Bewegung
Selbstbestimmung	Nähe	Anerkennung	Luft
Unabhängigkeit	Zugehörigkeit	Rückmeldung	Schlaf
Spontaneität	Liebe	Kreativität	Distanz
	Unterstützung	Sinn	Wärme
Einfühlung	Ehrlichkeit	Bedeutung	Gesundheit
Empathie	Gemeinschaft	Effektivität	Heilung
Verständnis	Geborgenheit	Kompetenz	Kraft
Gerechtigkeit	Respekt	Lernen	
	Sicherheit	Feiern	**Entspannung**
Geistige Bedürfnisse	Akzeptanz	Bildung	Erholung
Harmonie	Austausch	Engagement	Ausruhen
Inspiration	Offenheit		Spiel
Freude	Anerkennung	**Integrität**	Leichtigkeit
Humor	Freundschaft	Authentizität	Ruhe
Glück	Achtsamkeit	Einklang	
Ästhetik	Aufmerksamkeit	Eindeutigkeit	**Schutz**
	Toleranz	Identität	Übersicht
	Zusammenarbeit	Individualität	Klarheit
	Vertrauen		Abgrenzung
			Struktur

Eine solche Aufstellung kann hilfreich sein, um Beweggründe zu analysieren und sie auch benennen zu können, sowohl um sie für sich selbst zu artikulieren, als auch um das Verhalten anderer tiefergehend zu verstehen.

ÜBUNG: Wirklich verstehen

Nutze eine nächste Gesprächssituation als Trainingsfeld und beobachte dich genau:

- Wie gut bist du darin, die Interessen und Bedürfnisse deines Gegenübers wahrzunehmen und darauf einzugehen?
- Beherrschst du die wichtigsten Gesprächstechniken wie Pausen, Paraphrasieren oder offene Fragen?
- Wie gut bist du in der Lage, auch deine eigenen Bedürfnisse zu erkennen und zu artikulieren?

5.2.3 Die Wahrnehmung schärfen

Wer sich und andere verstehen und zu einer differenzierten Betrachtung von zwischenmenschlichen Beziehungen vorstoßen möchte, wird große Bereicherung daraus ziehen, seine Wahrnehmungskompetenzen zu schärfen. Erst eine bewusste Unterscheidung zwischen wahrnehmbaren verbalen und emotionalen Reaktionen und den diesen zugrunde liegenden Bedürfnissen, zwischen eigenen und fremden Sichtweisen lässt ein erweitertes Verständnis zu. Eine wichtige Arbeit an der Beziehungskompetenz besteht also darin, die zentralen Wahrnehmungsfähigkeiten – Zuhören und Beobachten – zu schulen.

Wer andere Menschen verstehen will, muss zuhören können. Für Lehrkräfte, die primär darauf trainiert sind, zu reden, Zusammenhänge zu erklären und Inhalte zu vermitteln, ist das vielleicht eine ungewohnte Aufgabe, denn das Zuhören ist als zentrale Tätigkeit einer Lehrkraft eher seltener im Visier.

Schlechte Zuhörer sind relativ einfach zu identifizieren. Sie sind entweder äußerlich abgelenkt oder ganz mit der Zurschaustellung der eigenen Person und Ideen beschäftigt oder im Gegenteil in sich versunken und von ihren Gedanken und Sorgen absorbiert. Auch wenn wir nicht zu diesen krassen Formen der Einwegkommunikation neigen, kann es uns passieren, dass wir die vermeintlich richtigen Schlussfolgerungen schneller erreichen, als unsere Gesprächspartner und uns innerlich darauf vorbereiten, wohlmeinende Ratschläge zu geben, anstatt bis zum Ende zuzuhören. Selbst wenn wir das Gegenüber anhören, ohne selbst zu sprechen, kann es sein, dass die Aufmerksamkeit eigentlich woanders ist. Es drängen sich andere Fragen auf: ‚Die Pause ist bald rum, wie kann ich das Gespräch schnellstmöglich beenden?' oder die Befürchtung: ‚Habe ich mir jetzt womöglich einen Feind gemacht?'

Was zeichnet nun dagegen gutes Zuhören aus? Der Transformationsforscher Otto Scharmer, Professor am Massachusetts Institute of Technology, hat sich intensiv mit Wahrnehmungskompetenzen beschäftigt und vier Stufen des Zuhörens definiert

(Scharmer, 2009). Diese Unterscheidung ist hilfreich, um sich die unterschiedlichen Qualitäten des Zuhörens vor Augen zu führen. Mit dieser differenzierten Perspektive lässt sich weit mehr erkennen, als nur eine vage Ahnung davon, ob eine Person ein guter oder ein schlechter Zuhörer ist und woran man das wohl ausmachen kann.

Stufe 1 bezeichnet er als *Downloading*. Wer immer nur seine eigenen Vorstellungen von der Welt ‚herunterlädt', hört nur das, was er hören möchte, womit wir einverstanden sind oder was wir erwarten. Alles, was das eigene Weltbild infrage stellen könnte, wird ausgeblendet. Eine eher eingeschränkte Form der Wahrnehmung, jedoch eine, die weit verbreitet ist. Ein typischer Bestätigungsfehler (*confirmation bias*) sagt die Psychologie dazu.

Stufe 2 nennt Scharmer das *faktische Zuhören*. Auch hier geht es primär darum, Informationen aufzufangen. Allerdings besitzt die Person genug intellektuelle Offenheit, um Diskrepanzen zwischen dem eigenen Informationsstand und den neuen Informationen wahrzunehmen und sich auf neue Fakten als Bereicherung des bisherigen Wissensstandes einzulassen.

Stufe 3 in Scharmers Terminologie ist das *empathische Zuhören*. Hier dringt man zu einer differenzierteren Form des Zuhörens vor, die nicht auf der Informationsebene stehenbleibt, sondern auch zwischen den Zeilen liest, mitfühlt und damit die Wahrnehmung über das gesprochene Wort hinaus ganz wesentlich erweitert. Welche Worte werden benutzt, die mir Hinweise auf den Gemütszustand und die Emotionen meines Gegenübers liefern? Welche Wörter werden vermieden? Welche Gesten und welche Körperhaltung geben mir zusätzliche Hinweise? Auf dieser Stufe wird man auch mit den Augen, nicht nur mit den Ohren ‚hören'.

Die letzte Stufe, quasi die Königsdisziplin, ist das von Scharmer so genannte *schöpferische Zuhören*. Damit meint er die Fähigkeit, Wünsche, Talente und Möglichkeiten in seinem Gegenüber zu erspüren, die dieser Person vielleicht nicht einmal selbst ganz klar bewusst sind und sie ans Licht zu bringen. In solchen Gesprächen kommt es zu einer ganz besonderen Resonanz zwischen den beiden Gesprächspartnern und Dinge können ausgesprochen werden und erlangen eine Klarheit, die man alleine für sich und ohne diesen Austausch nicht hätte erzielen können. Man kann sagen, aus Gesprächen, die diese Qualität des Zuhörens haben, kommt der Mensch, dem dieses Zuhören geschenkt wurde, verwandelt heraus.

Der Filmregisseur Werner Herzog erzählt in seiner ‚Masterclass for Filmmaking' eine Geschichte, die das schöpferische Zuhören verdeutlicht.

Zuhören auf Stufe 4 – Die Eichhörnchen Story

“Sometimes you have to crack the human being open.” Werner Herzog

Die Eichhörnchen Story beschreibt etwas, das schwer in Worte zu fassen ist: Momente, bei denen sich zwischen zwei Personen im Gespräch eine unsichtbare Verbindung auftut. Es kommt zu einer Resonanz zwischen diesen Personen, die ganz erstaunliche Wahrheiten und tiefste menschliche Regungen zutage treten lässt. „Manchmal muss man einen Menschen aufknacken, um ihm in die Seele zu schauen“, sagt Filmemacher Werner Herzog, von dem die Geschichte stammt.

Für die Dreharbeiten zu seinem Dokumentarfilm ‚*Into the Abyss*‘ über die Todesstrafe in den USA spricht Werner Herzog mit dem Gefängnisseelsorger. Erst redet dieser aufgesetzt, wie ein frömmelnder Fernsehpriester, erinnert sich Werner Herzog in einem Interview an die Situation. Er spricht von Vergebung und Erlösung und Gottes Barmherzigkeit. Herzog ist schon am Verzweifeln über diese flachen, wie auswendig gelernt vorgetragenen O-Töne. Dann horcht er auf. Der Seelsorger spricht von der Schönheit der Natur und der lebendigen Schöpfung Gottes, über Tiere, die er auf dem Golfplatz antrifft, beschreibt wie die Eichhörnchen sich auf der Wiese tummeln.

Warum erwähnt der Pfarrer diese Eichhörnchen? Werner Herzog hakt nach. „Erzählen Sie mir von einer Begegnung mit einem Eichhörnchen.“ Der Pfarrer lächelt kurz, etwas erstaunt über die Frage und legt dann los, wie zwei Eichhörnchen ihm beim Spielen vor den Golfwagen gesprungen sind und er gerade noch auf die Bremse treten konnte, um sie nicht zu überrollen. „Ich hätte eines dieser Eichhörnchen überfahren können. Ihr Leben wäre zu Ende gewesen.“ Dann bricht ihm auf einmal die Stimme. „Das erinnert mich an die vielen Menschen, die ich bei ihrem letzten Atemzug begleitet habe. Denen wegen Fehlern im Leben und schlechter Entscheidungen ihr Leben genommen wird. Leben ist wertvoll, von Eichhörnchen, wie von Menschen.“

Für das Eichhörnchen hat er bremsen können – für die zum Tode Verurteilten kann er den Prozess nicht aufhalten. Werner Herzog fühlte in dem Moment, dass sich hinter der beiläufigen Eichhörnchengeschichte irgendwie mehr verbergen musste. Eine Regung im Gesicht oder in der Stimme des Geistlichen, ein Zögern oder Wegschauen haben ihm den Weg gezeigt und mit seiner Offenheit und seiner Aufforderung, mehr davon zu erzählen, hat er eingeladen, die ganze Geschichte preiszugeben und seine wahre Menschlichkeit zu zeigen.

Echtes, qualitätsvolles Zuhören ist komplex. Es bedeutet, von sich selbst abzusehen, sich dabei aber voll seiner selbst bewusst zu sein. Es bedeutet empathisch die Emotionen des anderen wahrzunehmen, ohne sie mit den eigenen Reaktionen auf das Gesagte zu verwechseln. All dies sensibel wahrnehmen und differenzieren zu können, bedarf einiger Übung. Aber die Beherrschung dieser Wahrnehmungskompetenz eröffnet sehr wertvolle pädagogische Möglichkeiten.

ÜBUNG: Stufen des Zuhörens

Zur Schulung der Wahrnehmung kannst du dich in Gesprächen selbst beim Zuhören beobachten.

- Schaffst du es, einmal einfach nur zuzuhören, ohne deine eigene Sicht einzuwerfen, beziehungsweise voreilige Schlussfolgerungen oder Ratschläge einzubringen?
- Auf welcher Stufe des Zuhörens befindest du dich gerade?
- Was passiert dadurch bei dir und bei deinem Gegenüber?

Eine weitere wichtige Wahrnehmungskompetenz, die Empathie und Perspektivenwechsel erst ermöglicht, ist das Beobachten. Wie verhalten sich die Schülerinnen und Schüler, einzeln und untereinander, welche Körpersprache und Mimik kann ich in einem Gespräch mitlesen, wie drücken Personen subtil Hierarchien aus, wie wirken Haltungen und Gesten anderer auf mich?

Um das alles wahrnehmen zu können, muss ich eine rein beobachtende Position einnehmen. Das bedeutet, nicht immer selbst in Aktion zu sein oder selbst zu reden, sondern sich bewusst an den Rand von Situationen zu stellen und das Geschehen zu beobachten. Solches Beobachten hat auch viel mit Fokussieren zu tun, auf das wir im nächsten Kapitel noch detaillierter zu sprechen kommen. Das bedeutet, sich nicht ablenken lassen, sondern den Blick genau auf die Situationen richten, die ich studieren möchte, um sie besser zu verstehen oder Reaktionen zu antizipieren. Oder die Aufmerksamkeit bewusst zwischen dem Blick für das Ganze und einem scharfen Zoom auf kleinste Details in der Interaktion hin und her zu bewegen.

Auch hier ist es wieder interessant, sich von Schriftstellern inspirieren zu lassen. Diese müssen scharfe Beobachter sein, um lebendige Geschichten aus der jeweiligen Perspektive ihrer Protagonisten schreiben zu können. Der japanisch-englische Schriftsteller Kazuo Ishiguro hat in seinem Roman ‚Klara und die Sonne' das Motiv beobachten, um zu lernen zum Thema gemacht (Ishiguro, 2021). Klara ist ein AF (*artificial friend*) der Generation B2. Sie steht im Schaufenster und beobachtet, was draußen vor sich geht. Diese Beobachtungen helfen ihr, sich auf die Menschen, die sie später begleiten und unterstützen soll, immer besser einzustellen. Dabei sieht sie erstaunliche Dinge: Menschen, die lächeln, aber gleichzeitig traurig aussehen. Zwei Taxifahrer, die plötzlich in Streit geraten und aus deren Gesichtern Hass und Aggressionen sprühen, um gleich danach wieder indifferent am Steuer zu sitzen. Durch ihre scharfe Beobachtungsgabe entlarvt Klara die Menschen in ihrer Umgebung und versetzt sich selbst in die Lage, in die Hülle einer anderen Person zu schlüpfen.

ÜBUNG: Beobachten

Suche immer wieder Gelegenheiten für genaue Beobachtung. Entweder in Momenten, wo sonst nichts passiert, etwa wenn du im Café auf eine Verabredung wartest oder in spezifischen Situationen, über die du mehr lernen möchtest, beispielsweise während einer Gruppenarbeit. Beschreibe die Situation im Detail, wie ein Schriftsteller es tun würde und schärfe so deine Beobachtungsgabe.

5.2.4 Konflikte managen

Lehrkräfte können in ihrem Arbeitsalltag in akute Konfliktsituationen geraten: Situationen von Respektlosigkeit und Aggressionen gegenüber ihnen selbst, Mobbing und Gewalt der Schüler untereinander, Kinder, die ihre psychischen und familiären Probleme mit ins Klassenzimmer bringen. Krisen und Auseinandersetzungen kann es auf unterschiedlichen Ebenen geben, bei den Schülerinnen und Schülern oder mit deren Eltern, unter Kollegen einschließlich der Schulführung. Jede dieser Situationen ist einzigartig und für keine gibt es eine Gebrauchsanleitung. Dennoch kann man sich für solche Ernstfälle trainieren. Von Profis der Konfliktbewältigung, wie Polizistinnen und Feuerwehrleuten oder auch von Flugbegleitern, die niemanden in der Höhe zu Hilfe rufen können, können wir lernen wie man sich vorbereitet, um nicht von der Situation überrascht und überfordert zu werden, welche Deeskalationstechniken wirkungsvoll sind und welches Wissen und welche Haltung helfen können, in schwierigen Situationen zurecht zu kommen.

Wie kann man sich also auf unbekannte, potenziell unangenehme oder gar bedrohliche Situationen vorbereiten, die einem im Schulalltag begegnen können? Zunächst kann man in Erfahrung bringen, welche Umgangsformen die jeweilige Schule für solche Fälle vorgesehen hat und welche Hilfen man sich holen kann. Das verhindert keine Probleme, schafft aber eine gewisse Grundsicherheit, wenn man weiß, auf welche Unterstützung man im Ernstfall zurückgreifen kann. Jeder, der eine Arbeitsstelle antritt, tut gut daran, sich über die juristischen und praktischen Möglichkeiten

zu informieren, die der Arbeitgeber vorgesehen hat, bevor es zu einem ernsthaften Bedarfsfall kommt.
Auch Deeskalationstechniken kann man sich zu eigen machen, bevor man in die Situation kommt, sie anwenden zu müssen, wie ein Fallschirmspringer, der alle Manöver und vor allem die Notfallgriffe immer wieder übt, bevor er den Sprung tatsächlich wagt (Schellhammer, 2019). So kann sichergestellt werden, dass man in einer gefährlichen Situation die richtigen Handgriffe einsetzt, anstatt in Panik einen womöglich fatalen Fehler zu begehen. Ähnliches trifft auf zwischenmenschliche Konflikte zu. Es gibt Sicherheit, wenigstens in einer Trockenübung einmal angegriffen, beleidigt, verunsichert worden zu sein und die Gelegenheit gehabt zu haben, seine Reaktion darauf zu beobachten und am besten zusammen mit Gleichgesinnten zu reflektieren.
Bei der Analyse einer Konfliktsituation kann man sich an einer Reihe von Fragen aus der Konfliktberatung orientieren, um jeden Aspekt bewusst zu betrachten und Strategien zu entwickeln, in Zukunft noch souveräner mit vergleichbaren Situationen umzugehen. Der folgende Fragenkatalog soll dir dabei helfen:

- Was hätte geholfen, die Entstehung des Konfliktes oder der Aggression zu vermeiden?
- Was steckt hinter der Aktion, welche Informationen würden mir helfen, um die Ursachen des Konfliktes besser zu verstehen?
- Habe ich es geschafft, in der akuten Situation sachlich zu argumentieren oder bin ich selbst emotional geworden?
- War ich in der Lage, verbal zu deeskalieren? Wie gut hatte ich meine Stimme unter Kontrolle (Laustärke, Tonfall, Wortwahl)?
- Welche Strategie im Umgang mit dem Konflikt hat für mich persönlich funktioniert?
- Mit welchen anderen Strategien könnte ich noch experimentieren (z. B. den Augenkontakt halten, eine konkrete Bitte formulieren, mich durchsetzen, klug nachgeben, beschwichtigen, vermeiden, Kompromisse finden)?
- Falls die Situation total eskaliert wäre, was wären meine Möglichkeiten, Hilfe zu holen oder mich in Sicherheit zu bringen?

Wenn man im Schulkontext mit einer unangenehmen Situation konfrontiert war, ist auch das Nachbereiten der Situation sehr hilfreich. Auch hier kann man sich eine ganz Reihe von Themen und Fragen vornehmen, um alle Seiten, einschließlich des eigenen Anteils an der Situation zu beleuchten und Wege zu finden, den Umgang mit Konflikten in Zukunft besser zu meistern.

- Gespräche mit den Konfliktparteien suchen: Was wäre dein Wunsch, deine Lösung für die Situation?
- Gedanken über den eigenen Anteil an der Situation machen: Tauchen die Probleme nur mit mir auf?
- Die eigene Haltung überdenken: Bin ich in der Lage wertfrei dem anderen gegenüber zu treten und den Menschen zu respektieren, auch wenn ich seine Tat entschieden ablehne?
- Die Situation mit Kollegen besprechen: Wie hätten andere reagiert?
- An seiner Gelassenheit und Selbstregulation arbeiten: Was würde mir helfen, um in Konfliktsituationen cool zu bleiben und meine Reaktionen zu kontrollieren? (mehr dazu in Kapitel 6).

Manche Menschen haben entweder auf Grund ihrer Persönlichkeit, durch langjährige Erfahrung oder durch ihren professionellen Werdegang und sei es in der Ausbildung zum Sanitäter während des Zivildienstes, einen besonders geschickten Umgang mit Konflikten entwickelt. Diese Menschen zu beobachten und sich mit ihnen auszutauschen, kann sehr hilfreich sein, um sein eigenes Repertoire im Umgang mit Konfliktsituationen zu erweitern. All das schafft Sicherheit und das wiederum bringt Souveränität im Umgang mit schwierigen Situationen, die zum Alltag der Lehrkraft gehören.

ÜBUNG: Rollenspiele

Suche dir ein paar Mitstreiter mit denen du unterschiedliche Situationen aus dem Schulalltag durchspielst, die ihr selbst erlebt habt, sei es in eurer praktischen Erfahrung als Lehrkraft oder während eurer eigenen Schulzeit. Eine oder mehrere Personen zetteln den Konflikt an, ohne die betroffene Person oder die anderen Teilnehmer der Gruppe vorher zu informieren, um was es sich handelt. Das können Eltern sein, die sich bei der Lehrkraft beschweren, respektlose Schüler, Kollegen, die einem in den Rücken fallen oder auch ein Konflikt von zwei Schülerinnen untereinander. Je lebensnäher umso besser, denn je mehr echte Emotionen im Spiel sind, desto eher finden echte Reaktionen statt, die Material zum Besprechen liefern. Wählt jedes Mal Beobachter aus, die auf unterschiedliche Aspekte im Rollenspiel achten. Der eine beobachtet besonders die Stimme und Wortwahl, jemand anderes achtet auf die Körpersprache etc. Diskutiert die Fälle ausführlich anhand der Fragelisten und legt euch so ein Repertoire für den Ernstfall zurecht.

5.2.5 Über Grenzen

Bei aller Empathie, die für Schülerinnen und Schüler aufgebracht werden muss und den Versuchen, sich in die andere Perspektive zu versetzen, Verständnis aufzubringen und eine positive Beziehung aufzubauen, ist es natürlich wichtig, sich selbst nicht zu verlieren oder zu vergessen. Die Anerkennung der eigenen Grenzen kann und muss von Lehrkräften, gerade jungen Berufseinsteigern, eingefordert und diese müssen aktiv geschützt werden. Dass man selbst keine Ansprüche im Sinne des ‚gemocht Werdens' oder von Dankbarkeit an eine Lernbeziehung mit jungen Menschen stellen kann, bedeutet nicht, dass man all seine eigenen Bedürfnisse ignoriert.

Grenzen können in unterschiedlicher Weise überschritten werden und den Rahmen des professionell Tolerierbaren verlassen. Die wahrscheinlich häufigste Variante ist, dass Schülerinnen und Schüler die Grenzen des Respekts oder auch nur des angemessenen Umgangs gegenüber Lehrkräften überschreiten. Während ausgeprägte soziale Fähigkeiten und ein Erkunden der hinter dem Verhalten liegenden Probleme oder Bedürfnisse große Erfolge darin erzielen können, mit mangelnder Kooperation und Motivation umzugehen und Konflikte zu beschwichtigen, so übersteigen die Abgründe, die sich dort unter Umständen auftun, zuweilen das, was eine Lehrkraft leisten kann oder was auch nur in ihrem Kompetenzbereich liegt. In diesem Fall kann es sinnvoll und angemessen sein, dass Problem an andere Instanzen zu delegieren, anstatt sich hoffnungslos daran aufzureiben.

Andere Grenzüberschreitungen können auch von der Lehrkraft selbst ausgehen. Lehrkräfte können Schaden zufügen. Durch Altersunterschied und qua Position als Führungsperson im Klassenzimmer, ausgestattet mit einem gewissen Arsenal von Druckmitteln, angefangen von Noten bis hin zum Schulverweis, gibt es immer ein Machtgefälle zwischen der Lehrkraft einerseits und den Schülerinnen und Schülern andererseits. Jeder kennt aus seiner eigenen Schulbiografie oder aus dem nahen Verwandten- oder Freundeskreis Geschichten von Lehrkräften, die in unpassender Weise auf das Verhalten von Schülerinnen und Schülern reagiert haben. Die, meist im Affekt, einen unangemessenen, beleidigenden, demütigenden oder gar verachtenden Kommentar geäußert und damit dem Kind oder Jugendlichen Schaden zugefügt haben. Vielleicht war man sogar selbst dieses Kind und der Wunsch, es besser zu machen, steht ganz oben auf der Liste der Gründe, weswegen man selbst diesen Beruf gewählt hat. In jedem Fall ist es unabdingbarer Teil der Professionalität, im Sinne des nun folgenden sechsten Kapitels an seiner Selbstregulierung zu arbeiten und auch genau hinzuschauen, woher solche grenzüberschreitenden Reaktionen rühren, um seine Schülerinnen und Schüler davor zu bewahren.

Schließlich gibt es auch noch eine dritte Form der Grenzüberschreitung, die auch wiederum in der Hand der Lehrkraft liegt. Diese besteht darin, die Grenzen des Beruflichen zu verlassen und die Sorgen und Probleme des beruflichen Alltags mit in sein privates Leben zu überführen und es damit zu belasten. Gerade besonders engagierte Lehrkräfte, die keinen 9-to-5-Job anstreben, sondern die Dinge besonders gut machen wollen, sind diesem Risiko ausgesetzt, und auch hier ist es wichtig, sich beizeiten sinnvolle Routinen anzugewöhnen, um das zu verhindern und damit einem Ausbrennen vorzubeugen – das Thema des siebten Kapitels.

Wem es nicht gelingt, diese Grenzen zu setzen und auch selbst einzuhalten und wer sich überfordert oder gar von Schülerinnen und Schülern beleidigt oder angegriffen fühlt, sollte sich externe Hilfe holen, um die richtigen Strategien aufzubauen. Gerade am Anfang des Berufes, wenn noch keine allzu große Berufs- und Lebenserfahrung vorliegt und das Repertoire an Handlungsmöglichkeiten, um auf solche Situationen zu reagieren, noch nicht sehr ausgeprägt ist, ist es besonders wertvoll, sich von außen, zum Beispiel durch einen Mentor oder in Form eines professionellen Coachings, Unterstützung zu holen. Während ein Mentor aus dem gleichen Fach ist und mit mehr Erfahrung und Expertise Rat für bestimmte Anlässe geben kann, ist die Aufgabe eines Coaches, einen darin zu unterstützen, bei sich Muster zu erkennen, Situationen zu analysieren und eigene Lösungen für herausfordernde Beziehungen und Situationen zu finden.

Solch eine externe Unterstützung aufzusuchen, ist keineswegs ein Armutszeugnis oder ein Akt der Kapitulation, weil man selbst mit seinen professionellen Werkzeugen nicht weiterkommt oder gar für den Beruf nicht geeignet ist. Im Gegenteil, gerade das Coaching ist ein ausgesprochen wertvolles Mittel, um von einer unterstützenden, aber nicht persönlich oder kollegial in den Beruf involvierten Person eine neutrale Einschätzung zu bekommen, die die eigene Professionalität zu erweitern hilft. Das gilt auch für Lehrkräfte, die bereits erfolgreich den Beruf ausüben. Manchmal ist ein solcher Spiegel die einzige Möglichkeit, um gewisse Verhaltensmuster bei sich selbst zu entdecken, die einem immer wieder im Weg stehen. Und auf jeden Fall wird es unterstützend wirken, wenn man einmal nicht alleine alle Situationen evaluieren und Entscheidungen dafür treffen muss, sondern im Setzen von Grenzen bestärkt und ermutigt wird.

6 Selbstführung

Fachwissen, zeitgemäße Unterrichtsmethoden und soziale Kompetenzen im Umgang mit Schülerinnen und Schülern, Eltern und Kollegen können nicht voll zum Einsatz kommen, wenn die eigenen Emotionen und Impulse, ein schwach ausgeprägtes Selbstvertrauen oder ungenügende Fähigkeiten, Initiative zu ergreifen und Verantwortung zu übernehmen, all dem im Wege stehen. Wer schnell die Nerven verliert und sich zu heftigen emotionalen Reaktionen hinreißen lässt, geht auch ein größeres Risiko ein, den Beruf als belastend zu empfinden, was auf die Dauer zu gesundheitlichen Problemen führen kann – ein Thema, das im nächsten Kapitel noch genauer betrachtet wird. Wer dagegen seine personalen und emotionalen Fähigkeiten entwickelt und sein Selbstbewusstsein stärkt, kann diese Herausforderungen gut in den Griff bekommen.

Übungen:

Eigene Ablenkungen

Eigene Erfolgserlebnisse

Stellvertretende Erfahrungen

Soziales Umfeld

Selbstregulation

Das *Glad Game*

Zum Nachdenken:

Fremde Ablenkungen

6.1 Voraussetzung zur Führung anderer

Lehrkräfte sind in vieler Hinsicht Führungskräfte. Sie leiten eine Klasse, bestimmen täglich, was auf der Agenda steht, führen durch jede einzelne Unterrichtsstunde und steuern so die Entwicklung anderer Menschen. Die Voraussetzung dafür, andere zu führen, ist allerdings, sich selbst führen zu können. Das bedeutet, seine Emotionen zu kontrollieren, Gedanken und Handlungen zu fokussieren, um selbstgesteckte Ziele auch zu erreichen und Verantwortung übernehmen zu können. Dafür ist es nötig, sich sehr gut zu kennen und Strategien zur Vermeidung seiner eigenen psychologischen Fallen zu entwickeln. Das heißt zum Beispiel, nicht unkontrolliert auf Trigger zu reagieren, was andernfalls Schülerinnen und Schüler bestens auszunutzen wissen.

Gleichzeitig geht es darum, sich selbst zu stützen und zu stärken, um die Belastungen des Berufes gut zu verkraften. Lehrkräfte sind nicht in gleicher Weise in Hierarchiestrukturen eingebunden wie viele andere Arbeitnehmer, sondern haben große Freiheiten in der Gestaltung ihrer täglichen Unterrichtspraxis. Damit einher geht aber auch, dass sie sich nicht auf detaillierte Anweisungen von Vorgesetzten, von denen sie auch Leistungsanreize und regelmäßiges Feedback erhalten, verlassen können. Lehrkräfte müssen vielmehr permanent selbst kleine und große Entscheidungen treffen und oft improvisieren, was klare Vorstellungen und eine große eigene Stärke erfordert.

Um jungen Menschen Orientierung geben zu können, braucht eine Lehrkraft Klarheit über die eigenen Ideale und Kohärenz in deren Umsetzung. Wie wir bereits im dritten Kapitel festgehalten haben, ist diese Klarheit und Kohärenz, aber auch die Vorstellung von der Wirksamkeit des eigenen Handelns, eine der zentralen Komponenten der professionellen Identität und damit Voraussetzung für effektiven Unterricht und ein erfülltes Berufsleben.

Die Voraussetzung für die Führung von anderen ist also Selbstführung. Selbstführung bedeutet, sich Ziele zu setzen. Um diese auch erreichen zu können, braucht es spezifische Routinen, selbstgewählten Fokus und Durchhaltevermögen. Selbstführung beinhaltet auch, sein Denken, Fühlen und Handeln zu beobachten, zu verstehen und zu steuern und ein Vokabular für die eigenen Emotionen zu haben. Und schließlich muss man sich Strategien aneignen, die helfen, Impulse zu regulieren und negative Emotionen schnell zu überwinden. Die Fähigkeit der Selbstführung hat also eine ganze Reihe von Aspekten, die alle miteinander zusammenhängen. Diese sind zwar zu einem gewissen Grad schon genetisch vorgeprägt oder werden in der Kindheit erworben, können aber auch im Erwachsenenalter noch erfolgreich ausgebaut werden.

Wie wir bereits bei den sozialen Kompetenzen gesehen haben, hat die Steigerung der emotionalen Fähigkeiten positive Auswirkungen nicht nur auf die eigene Arbeit. Wer es verstanden hat, seine Selbstführung zu entwickeln, kann diesen Prozess auch kompetent und wirkungsvoll bei anderen begleiten. Davon werden Schülerinnen und Schüler erheblich profitieren. Denn Selbstführung und mit emotionaler Kontrolle einhergehendes Durchhaltevermögen sind essenzielle Voraussetzungen für das Lernen. Darüber hinaus sind sie, wie wir aus Langzeitstudien wissen, von zentraler Bedeutung für eine Reihe anderer Erfolgsfaktoren im Leben.

In den 1960er Jahren führte der österreichisch-amerikanische Psychologe Walter Mischel an der Stanford Universität den berühmten ‚Marshmallow Test' durch. Kinder zwischen vier und sechs Jahren wurden vor die Wahl gestellt, eine Süßigkeit entweder gleich zu vertilgen oder zu warten, um später eine doppelte Ration zu bekommen. In der Folge wurden weitere Studien mit diesen Kindern durchgeführt, die zeigten, dass solche Menschen, die bereits in jungen Jahren ihre Impulse kontrollieren konnten, in Bezug auf eine Reihe anderer Messgrößen wie Arbeit, Einkommen oder Gesundheit erfolgreicher im Leben waren, als diejenigen, die nicht auf das zweite Marshmallow warten konnten, sondern gleich ihren Impulsen folgten. Neuere Untersuchungen kommen zu einer differenzierteren Betrachtung dieses Zusammenhangs und stellen fest, dass eindeutige Aussagen über die Zukunft von Einzelpersonen auf dieser Grundlage nicht möglich sind. Gleichzeitig gibt es Forschungen im Bereich sozialer und emotionaler Fähigkeiten, die zeigen, dass Fähigkeiten der Selbstkontrolle bei Kindern und positive soziale Outcomes zusammenhängen (Moffitt et al., 2011).

Es gibt viele Wege, eine starke Selbstführung und eine positive Haltung zu sich selbst und seinen Fähigkeiten zu entwickeln. Im Kern geht es darum, sein Bewusstsein zu schulen, durch Selbstbeobachtung, ehrliches Reflektieren und konstante Arbeit an der eigenen Entwicklung. Wie du das angehen kannst, erfährst du in diesem Kapitel.

6.2 Selbstführung aufbauen

6.2.1 Den Fokus ausrichten

Von Schülerinnen und Schülern wird andauernde Fokussierung erwartet, stundenlanges Stillsitzen und Konzentration auf Lernstoff und Aufgaben. In welchem Ausmaß sind wir als Erwachsene eigentlich noch dazu in der Lage, uns auf eine Sache zu fokussieren? Immer mehr Menschen haben damit erhebliche Schwierigkeiten. Aktive Lehrkräfte, die als Lernende zu meinen Seminaren kommen, haben teilweise große Mühe, an einer Aufgabe dranzubleiben, ohne sich gegenseitig abzulenken oder ihre Arbeit zu unterbrechen, etwa um sich wieder einen neuen Tee zu holen. Der Arbeitsalltag von Lehrenden ist allerdings beileibe kein geschützter Seminarraum, sondern voller Ablenkungen. Vielfache Anforderungen werden zur gleichen Zeit gestellt, was Fokussierung und Konzentration noch weiter erschwert. Die Fähigkeit, sich wirklich zu konzentrieren und nicht ablenken zu lassen, wird immer wichtiger, je mehr solcher Ablenkungen auf uns einwirken.

Im Grunde werden wir auch im Erwachsenenalter permanent mit Marshmallows konfrontiert, in Form beispielsweise des Smartphones in der Tasche oder inzwischen sogar der smarten Uhr sichtbar am Handgelenk, die um permanente Aufmerksamkeit buhlen. Früher fand Kommunikation meist direkt statt. Um ein Telefon zu benutzen, musste man einen speziellen Ort aufsuchen, geschriebene Briefe brauchten Tage und allgemeine Informationen wurden einmal pro Tag durch die Zeitungen geliefert. Heute sind wir permanent im Kommunikationsmodus und konsultieren meist verschiedene Informationsquellen gleichzeitig. Manche Menschen nehmen ihr Telefon mit ins Bett, um nichts zu verpassen und beginnen ihren Tag damit, Nachrichten zu checken. Der gleiche Endorphin-Kick, den ein Kind erfährt, wenn es das Marshmallow erblickt, setzt ein, wenn eine neue Nachricht eintrifft. Und zwischen den Nachrichten wächst die Sorge, irgendetwas ganz Wichtiges zu verpassen. Unser Leben gleicht einem andauernden Marshmallow Test.

Das Problem ist, dass das menschliche Gehirn nicht für eine solche Dauerbefeuerung und Informationsflut gemacht ist. Die Vorstellung von Multitasking, also mehrere unterschiedliche Dinge gleichzeitig erledigen zu können, ist eine Illusion (Levitin, 2015). Was wir tatsächlich tun ist, auf ineffiziente Weise zwischen Aufgaben und Informationsfragmenten hin und her zu springen. Das Gehirn kommt nicht gut mit dieser geteilten Aufmerksamkeit zurecht und steigert als Reaktion darauf die Ausschüttung der Stresshormone Cortisol und Adrenalin, was zusätzlich negative Auswirkungen hat und zum Gefühl der Überforderung, der sich heute so viele Menschen und insbesondere Lehrkräfte ausgesetzt fühlen, beiträgt. Daher sind das Steuern des eigenen Fokus und die Fähigkeit, sich auf eine Sache zu konzentrieren für Lehrkräfte besonders erstrebenswert. Aber nicht nur die aktive Arbeitszeit erfordert unseren Fokus. Auch gute Pausen sind solche, die frei von Ablenkung und nur dann wirklich erholsam sind.

Im Kern ist Fokus, also die Steuerung unserer Aufmerksamkeit, eine Frage des Bewusstseins. Bewusst zu leben und zu arbeiten bedeutet, bewusst über seine Zeit zu bestimmen, bewusst seine Aufmerksamkeit zu schenken, anstatt sich von Ablenkungen hin und her treiben zu lassen, die eigenen Gedanken bewusst zu steuern, den Fokus wie nach innen so auch nach außen auf andere Menschen und auf die Welt zu richten und sich der eigenen Person und Position bewusst zu sein.
Es ist nicht verwunderlich, dass in der heutigen Zeit, die Beschäftigung mit dem Thema Bewusstsein boomt. Die Literatur zu diesem Themengebiet ist kaum mehr überschaubar. Einer der ersten, der sich ernsthaft und auch wissenschaftlich gestützt mit den fernöstlichen Methoden des Bewusstseinstrainings auseinandergesetzt und dazu wichtige Werke geschrieben hat, ist John Kabat-Zinn in den USA (Kabat-Zinn, 2011). Auch gibt es ausgefeilte Bewusstseinstrainings mit Übungen zur Fokussierung der Aufmerksamkeit oder Meditation, die den Rahmen dieses Kapitels sprengen. Aber schon kleine Übungen im Alltag können helfen, seinen Fokus souveräner zu steuern.

ZUM NACHDENKEN: Fremde Ablenkungen

Wer seine Fallen der Ablenkung kennt, kann daran arbeiten, sie in den Griff zu bekommen. Analysiere deine Quellen von Ablenkung als Grundlage dafür, deinen Fokus zu trainieren.

Wenn du einen typischen Arbeitstag betrachtest, welche Faktoren führen häufig zu Ablenkungen und rauben dir Zeit und Aufmerksamkeit?

Was könnte dir helfen, die stärksten und häufigsten Auslöser von Ablenkungen zu reduzieren?

Auch man selbst kann eine erhebliche Quelle von Ablenkung sein, zum Beispiel durch einschränkende oder zerstörerische Gedanken, die einen daran hindern, seine Vorhaben umzusetzen. Bist du in der Lage, bei deinen Zielen zu bleiben oder werden deine Pläne regelmäßig von Gedanken torpediert, die dich überzeugen wollen, dass das Vorhaben chancenlos oder sinnlos ist oder du nicht dazu in der Lage bist, es auszuführen?
Wir sehen uns gerne als kompetent und erfolgreich. Dann haben wir alles unter Kontrolle. Wenn etwas droht, dieses angenehme Gefühl einzuschränken, versuchen wir schnell, diese Sache ganz zu vermeiden. Anstatt uns aktiv damit auseinanderzusetzen, kommt uns sofort ein Narrativ in den Sinn, dass irgendetwas nicht möglich ist oder in einer Enttäuschung enden wird und man es deshalb besser gleich sein lassen sollte. Dieses Narrativ ist aber selbstgewählt. Es wird uns von niemandem auferlegt, sondern kommt aus uns selbst. Deswegen können wir dem auch

ein neues Narrativ entgegensetzen und uns als wirkmächtig und entwicklungsfähig definieren.
Aufgaben gut erfüllen zu wollen und selbstkritisch zu sein, ist sicher eine Qualität. Aber negative Gedankenspiralen bringen einen selten seinen Zielen und Idealen näher, sie lenken eher davon ab, entmutigen und schwächen. Wer dazu neigt, sich solchen Gedanken hinzugeben, tut gut daran, diese Ablenkungen in den Griff zu bekommen und den Fokus wieder auf die eigentlichen Ziele und ermutigenden Realitäten zu lenken. Auch das kann man üben, in dem man positive Selbstgespräche führt, die einen wieder auf die richtige Bahn bringen.

ÜBUNG: Eigene Ablenkungen

Fordere deine destruktiven Gedanken heraus, indem du sie in ihre Einzelteile zerlegst, Gegenbeweise findest und dir die Gründe für solche Gedankenspiralen bewusst machst. Jedes Mal, wenn du dich in diesem Diskurs ertappst, lenke dich mit dieser Übung behutsam wieder auf den Pfad, den du eigentlich einschlagen wolltest und überwinde so die eigenen Ablenkungen.

Hier ist ein Beispiel, wie du deine Gedanken in einem sokratischen Dialog hinterfragen kannst:

Destruktiver Gedanke	**Beispiel: ‚Ich kann das einfach nicht.‘**
Ist diese Annahme grundsätzlich zutreffend?	Kann ich es wirklich nicht oder ist mir etwas nur in einer bestimmten Situation nicht gelungen?
Ignoriere ich möglicherweise Gegenbeweise?	Wann habe ich eine ähnliche Situation bereits erfolgreich gemeistert?
Was ist die Funktion dieser Gedankengänge?	Geht es darum, Veränderungen zu verhindern? Herausforderungen, deren Ausgang ungewiss ist, zu vermeiden? Mich stärker als gewohnt anzustrengen oder zu zeigen?
Was wäre die gegenteilige oder alternative Annahme?	Ich kann es noch nicht.
Welche Vorteile könnte ich aus der gegenteiligen Annahme ziehen?	Weitermachen eröffnet mir, Neues zu lernen, mein Selbstbewusstsein zu stärken.

6.2.2 Selbstwirksamkeit stärken

Sich selbst zu ermutigen und auf seine Ziele zu fokussieren, geht über den Umgang mit solchen inneren Ablenkungsmanövern hinaus. Ein weiterer Aspekt der Selbstführung und eine wichtige Komponente der professionellen Identität ist das Wissen um die eigene Wirksamkeit und Stärke, die selbst gesteckten Ziele auch tatsächlich zu erreichen. Starke Persönlichkeiten werden eher als Führungspersönlichkeiten wahrgenommen und diese persönliche Autorität ist für den Beruf der Lehrkraft besonders bedeutungsvoll.

Die Überzeugung einer Person, auch schwierige Situationen und Herausforderungen aus eigener Kraft erfolgreich bewältigen zu können, wird als Selbstwirksamkeit beziehungsweise Selbstwirksamkeitserwartung bezeichnet. Menschen mit einer hohen Selbstwirksamkeitserwartung gehen aufrecht durch die Welt mit der Haltung ‚Was wage ich heute?' Und sie wissen genau, warum sich das lohnt. Geprägt wurde der Begriff der Selbstwirksamkeitserwartung von Albert Bandura, einem kanadischen Psychologen, der seine berufliche Karriere an der amerikanischen Stanford Universität verbrachte und 2021 im biblischen Alter von 96 Jahren verstarb.

Bandura hat das Konzept der Selbstwirksamkeit aus eigener biografischer Erfahrung entwickelt. Als Sohn osteuropäischer Einwanderer wuchs er in einem 400-Seelen Dorf in Kanada auf, wo er kaum Bildungsmöglichkeiten hatte und seiner intellektuellen Neugierde nur wenig geboten wurde. So entwickelte er ganz eigenständige Formen des Lernens und erarbeitete sich ein Wissen, das ihn nach seiner Promotion in Iowa an die Stanford Universität brachte und ihm eine sehr erfolgreiche wissenschaftliche Laufbahn bescherte. Die Bildungskarriere eines im Wortsinne Selfmademan.

Mit seinen Forschungen zur Persönlichkeitspsychologie und zum Lernen fand Bandura heraus, dass sich die Selbstwirksamkeitserwartung aus vier Quellen speist (Bandura, 1997):

- Eigene Erfolgserlebnisse
- Stellvertretende Erfahrungen
- Verbale Ermutigungen
- Eindämmung emotionaler Erregung

Heute wissen wir, dass die Selbstwirksamkeitserwartung zum Teil genetisch bedingt und auch von der Erziehung geprägt ist. Dennoch kann jeder an seiner Selbstwirksamkeit arbeiten, sie entwickeln und begünstigen, indem man sich mit ihren vier Quellen auseinandersetzt und sich Strategien zurechtlegt, sie positiv zu befördern. Für diese Strategien kann es kein allgemeingültiges Rezept geben. Jeder muss seinen eigenen Weg finden und sich mit seinen Themen individuell auseinandersetzen. Wichtig ist, dass wir es nicht bei einer theoretischen Überlegung belassen, sondern uns aktiv in der Realität damit konfrontieren und Überzeugungen durch eigene Erfahrungen festigen und immer wieder bestärken. Stärke entsteht dann, wenn wir Situationen tatsächlich im Leben meistern, anstatt uns über mögliche negative Ausgänge den Kopf zu zerbrechen. Erinnern wir uns also an die Lernabenteuer aus dem vierten Kapitel. Diesen Ansatz können wir hier nutzen und uns zu jeder einzelnen Quelle der Selbstwirksamkeitserwartung eigene praktische Übungen bauen, die uns bestärken und unserer Selbstwirksamkeit fördern.

Wenn wir uns überlegen, ob wir etwas wagen sollen und ob wir das wohl schaffen können, hören wir schnell unsere innere Stimme mit Argumenten, warum dies nicht geht und dass man jenes bestimmt nicht kann – wie in dem Beispiel des destruktiven Gedankens oben. So sollen wir davor bewahrt werden, zu große Risiken einzugehen oder uns auch nur in ungewohnter Weise anzustrengen. Dieser vorlauten Beeinflussung können wir entgegentreten, indem wir nicht nur Gegenargumente aufbauen, sondern ganz klare Fakten und Beweise für Erfolge präsentieren. Das bedeutet, die Dinge tatsächlich zu tun, anstatt nur darüber zu sinnieren.

Wenn man etwas Neues wagt, fängt man am besten mit einem kleinen Schritt an. Wenn dieser erfolgreich verläuft, ist es wichtig, sich diesen Erfolg bewusst zu machen und sich auch an ähnliche Erfolge in der Vergangenheit zu erinnern. Es hilft, solche Ereignisse noch einmal Schritt für Schritt im Geiste durchzuspielen, einschließlich aller beteiligten Gefühle, um sie sich im Gedächtnis einzuprägen und sie zu feiern.

Wenn unsere innere Stimme dann das nächste Mal mit der bekannten Ausweichreaktion kommt, kann man sie schnell mit Fakten zum Schweigen bringen und mit den nächsten Schritten nach und nach seine eigene Realität und Beweise für seine Fähigkeiten kreieren. Das steigert das Wissen um die eigene Stärke und macht Lust auf weitere Schritte. Klingt absurd? Ausprobieren!

ÜBUNG: Eigene Erfolgserlebnisse

Wähle eine Situation, in der du unsicher bist, beispielsweise das Sprechen vor Publikum. Und schaffe dir Bedingungen, mit denen du kleine Erfolgserlebnisse erzielen kannst, die dir beweisen, dass du das problemlos meistern kannst. Das Publikum machst du sukzessive anspruchsvoller (mehr Zuhörer, fremde Zuhörer), bis du das erreicht hast, wovor du dich gefürchtet hast und vor einem vollen Saal sprechen kannst. Dadurch schaffst du dir nicht nur starke Erfolgserlebnisse, die dir ermöglichen, deine selbsterdachten Hemmnisse zu überwinden. Du lernst auch viel über dich selbst, welche Kontextfaktoren dich am besten unterstützen, was genau es an dieser Aufgabe ist, das dir Sorgen bereitet und natürlich, wie du dich ermutigen kannst.

Die zweite Quelle einer hohen Selbstwirksamkeitserwartung sind stellvertretende Erfahrungen, das heißt Beispiele für Erfolge anderer, die zeigen, dass eine bestimmte Aufgabe durchaus zu bewältigen ist. Denn den hinderlichen Argumenten der inneren Stimme kann man auch mit dem Studium von Rollenmodellen entgegenwirken. Dadurch erfährt man nicht nur, dass die geplante Aktion im Prinzip möglich ist. Es erlaubt einem gleichzeitig, erfolgreiches Verhalten zu studieren und davon zu lernen.

Ein besonders beliebter Satz, auch bei Lehrkräften, ist: das geht nicht. Alle Jünger dieser Ideologie lade ich zu einem Gedankenexperiment ein. Wie wäre es, wenn diese Möglichkeit nicht mehr zur Verfügung stünde. Geht nicht gibt's nicht. Dann beginnt eine äußerst interessante und bereichernde Suche nach alternativen Annahmen und Realitäten, denn irgendwo wird es jemanden geben, dem das bereits gelungen ist. Meistens handelt es sich bei den Dingen, die mit einer ‚Das geht nicht, weil…' Reaktion abgewehrt werden, um keine allzu außergewöhnlichen Vorhaben, sondern vielleicht um Fragen wie die, ob man Lernstoff auch in der Praxis anwenden kann, um ihn relevant zu machen. ‚Es geht nicht' würde konkret bedeuten, niemand ist in der Lage, Lernstoff auf konkrete Lebenssituationen anzuwenden. Oder genauer, niemand in einer vergleichbaren Ausgangssituation ist in der Lage, Lernstoff auf die Praxis anzuwenden. Diese Aussage wird sich nach kurzer Recherche nicht aufrechterhalten lassen, denn Beispiele für gelungene Praxis finden sich überall. Wer dann zur nächsten Ebene überwechselt und sagt, diese Person kann das eben, aber ich kann das nicht, dem sei geantwortet: gehe zurück zum vorherigen Feld: ‚eigene Erfolge'.

Wer mit dieser Thematik konstruktiv umgehen und zur Steigerung seiner Selbstwirksamkeitserwartung das Studium von Vorbildern nutzen möchte, kann das anhand einer ganzen Reihe von Themen und mit verschiedenen Strategien angehen:

Folgende Themen kannst du bei Vorbildern studieren:

- Entscheidungsfindung: Wie trifft die Person Entscheidungen? Wie beschafft sie sich die dazu nötigen Informationen?
- Zweifel: Ist die Person mit sich im Reinen? Was ist ihre Strategie, wenn Zweifel aufkommen?
- Kritik: Wie gut geht die Person mit Kritik um?
- Fehler: Wie geht die Person mit Rückschlägen und Fehlern um? Wie kommuniziert sie diese?
- Selbstmotivation: Wie motiviert sich die Person? Welche Unterstützung und Hilfe hat sie, beziehungsweise sucht sie aktiv?
- Diskrepanzen: Wie geht die Person mit Diskrepanzen oder gar Dilemmata um? Wie geht sie an Situationen heran, in denen die eigenen Werte in Frage gestellt werden?

- Beruf vs. privat: Wie organisiert die Person ihre private Welt in Abgrenzung oder Einklang mit der beruflichen?
- Authentizität: Wie definiert die Person sich selbst?

Diese Methoden kannst du anwenden, um dein Vorbild zu untersuchen:

- Interview: Was sind deine Fragen an die Person?
- Biografisches Interview: Wie ist die Person zu der geworden, die sie ist? Welche Entwicklung fand statt, was hat die Entwicklung motiviert und befördert? Was sind ihre Vorbilder?
- Realitätstest: Situative Beobachtungen, die ermöglichen, die Aussagen der Person auf den Prüfstand zu stellen (z. B. wie reagiert die Person auf Kritik)?
- Beobachtung: Wie verhält sich die Person im Umgang mit anderen Menschen?
- Fremdbeobachtung: Wie beurteilen andere Menschen diese Person? Wie wirkt die Person auf Dritte?

ÜBUNG: Stellvertretende Erfahrungen

Finde Menschen, die das geschafft haben, was du erreichen willst und studiere genau, wie sie es angestellt haben. Bitte sie um ein paar Minuten Zeit, damit sie deine Fragen beantworten. Habe keine Scheu, auch höher gestellte Personen zu kontaktieren. Die meisten Menschen fühlen sich geschmeichelt, wenn sie als Vorbilder betrachtet werden und geben ihre Erfahrungen großzügig weiter. Davon kannst du immens viel lernen und zu ganz überraschenden neuen Erkenntnissen kommen.

Suche dir eine Person, die du in Bezug auf deine Thematik besonders bewunderst und stelle dir einen ausführlichen Studienplan zusammen. Schaffe dir Möglichkeiten, diesen Plan in die Tat umzusetzen, um die Person mit verschiedenen Methoden zu studieren. Welche Implikationen haben die Resultate für deinen eigenen Weg zum Erfolg?

Das Studium von Vorbildern ist eine der interessantesten Möglichkeiten, seinen Horizont zu erweitern und zu lernen, vor allem beim Berufseinstieg, wenn das eigene Repertoire noch nicht so weit entwickelt ist. Häufig sind solche Vorbilder Personen, die mit ähnlichen Aufgaben wie du konfrontiert sind. Sie in alltäglichen und in schwierigen Momenten zu erleben und ungefiltert zu studieren, erfordert scharfes Beobachten. Wie hat die Person sich verhalten? Wo hat sie unerwartet reagiert und dich erstaunt? Und es bedarf geschickten Fragens, um Haltungen und Beweggründe zu verstehen und Strategien zu entschlüsseln.

Zeki Müller

Das Studium von Rollenmodellen lässt sich auf sehr unterschiedliche Personen anwenden. Naheliegend sind Menschen in unserer Umgebung, die vielleicht in einer ähnlichen Situation sind. Oder die uns einfach mit ihrer Persönlichkeit beeindrucken. Es gibt aber auch die Möglichkeit, seinen Horizont mit Hilfe fiktionaler Figuren zu erweitern, ähnlich einer Beschreibung von Idealtypen. Eine vergnügliche Form, ein solches Rollenmodell zu studieren, bietet der Film „Fack ju Göhte".

Der Protagonist des Films, Zeki Müller, ist im Schulsystem ein Quereinsteiger. Noch dazu ein unfreiwilliger. Allerdings hat er eine besondere pädagogische Begabung. Im Grunde erfüllt er alles, was man von einer professionellen Lehrkraft erwarten würde:

Er widmet seine Arbeit einem übergeordneten Ziel.

Er ist authentisch und zeigt seine Persönlichkeit.

Er ist ein starker Akteur, der sich vom System nicht einschüchtern lässt.

Er hat eine ausgeprägte Fähigkeit zum Perspektivenwechsel.

Er bedient sich zielgruppengerechter Kommunikationsformen und stellt den Bezug zwischen Unterrichtsstoff und Lebensrealität seiner Schüler her.

Er möchte nicht unbedingt beliebt sein.

Er greift durch, verlangt Disziplin von den Starken und den aktiven Schutz der Schwachen und ist so eine echte Führungspersönlichkeit im Klassenzimmer.

Er bindet externe Akteure in seine pädagogische Arbeit ein.

Er motiviert seine Schülerinnen und Schüler zu Höchstleistungen.

Kurzum, Zeki Müller mag unorthodoxe Methoden benutzen, macht dabei aber ziemlich viel richtig. Das Resultat sind kooperative und zufriedene Schülerinnen und Schüler.

Eigene und fremde Erfolge zu betrachten, ist die Grundlage der Selbstwirksamkeit. Aber auch Ermutigungen durch andere – oder das Gegenteil davon – können sich massiv auf die eigene Selbstwirksamkeitserwartung auswirken. Das gilt natürlich vor allem im kindlichen Alter, wo Bestätigung von außen besonders wichtig ist. Aber auch Erwachsene profitieren von Ermutigung oder lassen sich durch negative Reaktionen verunsichern und sogar entgegen den eigenen Wünschen und Bedürfnissen manipulieren.

Neben einzelnen uns nahestehenden Personen kann auch eine größere Gruppe von Menschen, denen wir uns zugehörig fühlen, eine wichtige Rolle in unserem Leben spielen. Wer gehört zu deiner Sippe von Gleichgesinnten? Solche Gruppen können unterschiedliche Beziehungsformen haben (Robinson, 2010, S. 103ff). Sie können sich in der unmittelbaren Umgebung befinden und dich physisch präsent täglich umgeben oder aber als Interessensgruppe mit Veranstaltungen oder Publikationen in Erscheinung treten. Die Menschen können lebend oder bereits gestorben sein und durch ihre Werke weiterwirken, eine spezifische Generation repräsentieren oder mehrere Generationen überspannen. In besonders konzentrierter Form treten solche Gruppen in Form von Teams auf, die kollektiv mehr erreichen können, als die Summe ihrer Einzelmitglieder. Es kann aber auch zu negativen Gruppendynamiken und Konformitätsdruck kommen. Wie es etwa für Raucher der Fall ist, die es viel schwerer haben, mit dem Rauchen aufzuhören, wenn sie von lauter Rauchern umgeben sind. Es lohnt sich, sein Umfeld, einschließlich der virtuellen Umgebung in Form der sozialen Medien, daraufhin gründlich zu untersuchen.

ÜBUNG: Soziales Umfeld

Nimm dein Umfeld einmal genau unter die Lupe und ziehe die entsprechenden Konsequenzen.

- Wer ist für dich ein strahlender Sonnenschein, der dir Energie gibt und mit dem du mehr Zeit verbringen möchtest und welche Personen oder Personengruppen solltest du besser meiden, weil sie dich ins Dunkle ziehen?
- Welche Menschen geben dir Kraft, Energie und Tatendrang, glauben an dich, ermutigen dich, Dinge zu wagen und freuen sich zusammen mit dir über den Erfolg?
- Welche Personen hingegen sind Bremser, Neider, Angeber, die sich auf deine Kosten profilieren wollen?
- Im Beisein welcher Personen wirst du zur besten Version deiner selbst? In welchen Situationen hast du dich klein gemacht, warst unehrlich und hast ein Gesicht gezeigt, das dir nicht gefällt?

Das heißt natürlich nicht, dass man jeden Freund, der gerade einmal eine schlechte Phase hat, hängen lässt. Aber Beziehungen und Begegnungen, die einen zwar vielleicht anziehen, tatsächlich aber chronisch schwächen oder von seinem eigenen Weg abbringen, hält man besser auf Distanz. Ebenso frustrierte Kolleginnen und Kollegen, die immer nur sehen, was nicht geht und jeden Elan sofort zu zerstören wissen.

6.2.3 Selbstregulation entwickeln

Die letzte Quelle von Selbstwirksamkeit ist die Selbstregulation. Das ist die Fähigkeit, seine Impulse und Handlungen zu steuern und mit seinen Gefühlen oder Stimmungen souverän umzugehen. Diese Fähigkeit ist derart zentral, dass wir uns hier noch einmal gesondert mit dem Thema auseinandersetzen wollen.

Lehrkräfte sind permanent mit fordernden Situationen konfrontiert. Wer darauf statt mit Gelassenheit mit starker Emotionalität reagiert, wird auf Dauer kaum in diesem Beruf bestehen können. Emotionskontrolle ist ein Bestandteil des professionellen Handelns auch insofern, als sie erlaubt, sich in adäquater Weise von seinem Beruf zu distanzieren, Grenzen zu wahren und professionell mit belastenden Situationen umzugehen.

Selbstregulation braucht zum einen ein gutes Maß an Selbstkenntnis. Zum anderen erfordert sie effektive Strategien, um mit sich selbst umzugehen. Dabei bedeutet ein konstruktiver Umgang mit den eigenen Emotionen, sie weder zu verstecken noch sie ungehemmt rauszulassen. Vielmehr geht es darum, auf Trigger nicht spontan zu reagieren, sondern einen Zeitraum zwischen Reiz und Reaktion zu legen, der es ermöglicht, die eigenen Emotionen unter Kontrolle zu bringen, Situationen zu rationalisieren, ihnen mit Humor zu begegnen, einfach souverän zu bleiben und trotz Rückschlägen eine positive Einstellung zu bewahren.

Emotional intelligente Menschen haben einen souveränen Umgang mit Emotionen. Sie sind in der Lage, die eigenen Emotionen zu erkennen und auszudrücken, zu nutzen und positiv zu steuern, um Stress abzubauen, effektiv zu kommunizieren, sich in andere hineinzuversetzen, Herausforderungen zu meistern und Konflikte zu entschärfen. Im Schulalltag wird die emotionale Kompetenz täglich auf den Prüfstand gestellt. Wer sie gut beherrscht, hat viel größere Chancen, gerade in herausfordernden Situationen erfolgreich zu bestehen anstatt sich daran aufzureiben. Mir wurde die Anekdote eines Lehrers erzählt, der sich vor einem provokanten Schüler mit den Worten aufbaute: „Ich entscheide, über wen ich mich ärgere“. Das ist gelebte Emotionskontrolle. Die Schülerin, die diese Situation miterlebte, war zutiefst beeindruckt und erinnert sich noch heute als erwachsene Frau daran.

ÜBUNG: Selbstregulation

Nimm dir Zeit, dich einmal mit dem Thema Emotionskontrolle und mit deinen Reaktionen auf bestimmte Reize auseinanderzusetzen. Wir sind unterschiedlich begabt in der Fähigkeit der Gelassenheit. Aber jeder kann diese Kompetenz bei sich steigern und sie entwickeln. Das Training in Selbstregulation erfolgt in 3 Schritten.

Schritt 1: Selbstbeobachtung. Auf welche externen Reize reagierst du regelmäßig emotional? Welche Gefühle und Impulse lösen sie in dir aus (oft sind es ganz grundlegende Gefühle wie Angst vor Kontrollverlust oder Demütigung)? Welche körperlichen Reaktionen kannst du an dir beobachten (Schwitzen, Angespanntheit, Ticks)? Wie verändert sich deine Stimme?

Diese Beobachtungen und Zusammenhänge für sich aufzuschreiben, kann nützlich sein, um sie sukzessive besser zu verstehen und zu kontrollieren.

Schritt 2: Trigger benennen. Wer in der Lage ist, die Reize, die immer wieder heftige Reaktionen auslösen, zu identifizieren und präzise zu benennen, hat einen ersten Schritt getan, um sich von ihnen zu distanzieren. Je nachdem, wie man sich zu ihnen stellen möchte, kann man Trigger rationalisieren, ihnen liebevolle Namen geben oder sie mit fantasievollen Metaphern belegen, wie z. B. der *Cheshire Cat* aus Alice im Wunderland, die ihr blödes Grinsen zeigt, durch das wir uns jedes Mal irritieren lassen – jetzt nicht mehr.

Schritt 3: Distanzierungstechniken. Das sind Methoden, die helfen, Reiz-Reaktionsmuster nicht nur zu erkennen und zu benennen, sondern souverän mit ihnen umzugehen. Sie erlauben es, unmittelbare Reaktionen zu kanalisieren und von der reinen Emotionsebene wieder auf die kontrollierbare kognitive Ebene zu bringen. Eine Technik besteht im ruhigen Ein- und Ausatmen. Langsam und durch die Nase, wie der Atemexperte James Nestor empfiehlt, der ein ganzen Buch über den Atem geschrieben hat (Nestor, 2021). Dieses kontrollierte Atmen sendet Signale von Entspannung ans Gehirn und schafft Zeit, in der man sich mit anderen Dingen ablenken kann. Einen Gegenstand, vielleicht einen Glücksbringer in seiner Hosentasche anzufassen und feste an etwas Positives, Bestärkendes zu denken, statt unmittelbar auf einen Reiz zu reagieren, kann ebenfalls eine Methode sein, um sich wieder mit sich selbst zu verbinden und nicht unkontrolliert auf die externen Reize zu reagieren.

Es ist hilfreich, sich vor Augen zu führen, was hierbei im Gehirn, wo diese Verhandlungen ablaufen, eigentlich vor sich geht, um die beteiligten Mechanismen besser zu verstehen. Alle Distanzierungstechniken haben eines gemeinsam: sie verlagern den Ort des Geschehens im Gehirn von den Gehirnarealen, die für unsere unmittelbarsten Reaktionen und dazugehörigen Emotionen zuständig sind, zu den Arealen, die das rationale Denken und Handeln kontrollieren. Der Neocortex, der uns erlaubt, Informationen zu sortieren, zu planen und Entscheidungen gegeneinander abzuwägen, also der das Rationale steuert, ist der evolutionär jüngere Teil unseres Gehirns. In Akutsituationen wird er schnell vom wesentlich älteren und ursprünglicheren limbischen System überrumpelt. Schon alleine der Akt, die Emotionen, die dann in den Vordergrund treten, zu benennen, ist eine Leistung, die vom präfrontalen Cortex ausgeht und uns so hilft, wieder selbstgesteuerte Entscheidungen treffen zu können. Ähnliches gilt für das Einschieben von Pausen, um unmittelbare emotionsgesteuerte Reaktionen unter Kontrolle zu bringen.
Selbstregulation solide zu verankern, ist ein längerer Prozess. Aber schon allein das Erkunden und Benennen der Trigger als ‚Trockenübung' ist ein erster Schritt von spontaner Reaktion zu bewusster Kontrolle. Suche dir als zweiten Schritt einen festen mentalen oder physischen Anker (z. B. den Glücksbringer in der Tasche), der dir hilft, in emotionalen Momenten nicht so leicht fortgeblasen zu werden. Welche Distanzierungstechniken funktionieren für dich?

6.2.4 Resilienz aufbauen

Um die Selbstwirksamkeit über längere Zeiträume und unter veränderlichen Umständen aufrecht erhalten zu können, brauchen wir die Fähigkeit der Resilienz, das ist die Kapazität, schwierige Lebenssituationen ohne anhaltende Belastungen zu überstehen und sich von Rückschlägen schnell wieder zu erholen. Die unsichere, widersprüchliche und wechselhafte Umgebung der heutigen Zeit bringt immer wieder neue Krisen hervor und erfordert mehr innere Stabilität und Anpassungsfähigkeit als je zuvor. Schulen sind ein Ort, wo gesellschaftliche Probleme in besonderem Maße kulminieren, weshalb Lehrkräfte vielleicht noch mehr als andere Berufsgruppen in der Fähigkeit der Resilienz gefordert sind.
Menschen sind Gewohnheitstiere. Veränderungen von Gewohnheiten werden leicht als Verlust wahrgenommen und erst einmal abgelehnt. Um den typischen Abwehrmustern beizukommen, können wir an unserer Offenheit für neue Erfahrungen und unserer Anpassungsfähigkeit arbeiten. Wenn sich Umstände radikal ändern (zum Beispiel online unterrichten, anstatt im Klassenraum), werde ich ganz plötzlich mit neuen Anforderungen konfrontiert, auf die ich flexibel reagieren muss. Diese Überraschung kann schnell zu einer Überforderung werden, wenn ich mich gewohnheitsmäßig in einer komfortablen Routine bewege. Wenn ich mich dagegen regelmäßig mit neuen Herausforderungen konfrontiere, um meine Flexibilität herauszufordern, dann ist der Schritt zur Anpassung weniger groß.

Flexibilität als Trockenübung zu trainieren, kann etwa die Form eines Experimenttages pro Monat annehmen. Ein Tag, an dem einfach alles anders ist, als gewohnt. Das reicht von mit der anderen Hand die Zähne putzen, über einen anderen Weg als gewohnt zur Arbeit zu nehmen, bis hin zu Dinge tun, die man schon immer einmal ausprobieren wollte. Der Fantasie sind da keine Grenzen gesetzt. Wichtig ist, dass wir dabei wirklich unsere Flexibilität herausfordern und merken, dass auch ungewohnte und unbekannte Situationen gemeistert werden können.

Aus der Positiven Psychologie kennen wir ein ganzes Arsenal von Werkzeugen, mit Hilfe derer wir unsere Resilienz stärken können. Das Fach der Positiven Psychologie erforscht die menschlichen Ressourcen und die Mechanismen, die Individuen aber auch die Gesellschaft dazu befähigen, sich optimal zu entwickeln und aufzublühen. Von Martin Seligman (2006), einem der wichtigsten Vertreter der Positiven Psychologie, stammt die Vorstellung, dass Optimismus aktiv entwickelt werden kann. Dieser ‚gelernte Optimismus' ist der Schlüssel, um im Leben resilienter zu werden. Dem liegt die Auffassung zu Grunde, dass Menschen nicht Sklaven ihrer Emotionen und Erfahrungen sind, sondern wählen können, wie sie auf die Ereignisse der Welt schauen und wie sie das, was sie sehen, beurteilen. Dabei unterscheidet Seligman zwischen optimistischen und pessimistischen Erklärungsstilen. Der Optimist geht davon aus, dass das Gute, das ihm widerfährt, nicht ein singuläres Ereignis darstellt, sondern auch in der Zukunft bei ihm bleibt, weil es mit ihm selbst zu tun hat und nicht reiner Zufall ist. Der Pessimist denkt so über negative Ereignisse im Leben: sie sind von Dauer, ziehen sich durch alle Lebensbereiche und sind mit ihm als Person verbunden. Optimisten sind resilienter und richten sich nach Rückschlägen viel schneller wieder auf.

Unseren Optimismus fördern wir zum Beispiel, indem wir unsere Aufmerksamkeit auf Chancen und Möglichkeiten richten, positive Glaubenssätze etablieren, Dankbarkeit pflegen, nichts als selbstverständlich hinnehmen und Zuversicht kultivieren, indem wir insgesamt ein positives Bild von der Zukunft zeichnen. ‚Ermutigende Selbstgespräche' nennt Seligman das. Dazu müssen wir unsere Gedanken kontrollieren und die Kraft unserer Vorstellung einsetzen. Wir können uns dabei zunutze machen, dass das Gehirn nicht grundsätzlich zwischen erlebter und imaginierter Erfahrung zu unterscheiden scheint. Allein die Vorstellung von einer friedlichen Szene ist in der Lage, unser Stresszentrum im Gehirn zu beruhigen. Wir müssen uns dafür nicht tatsächlich in dieser Szenerie befinden. Mit solchen Vorstellungen zu spielen, hilft, positive Gedanken zu praktizieren und dadurch resilienter zu werden.

ÜBUNG: Das *Glad Game*

Um das positive Denken zu üben, kannst du das *Glad Game* ausprobieren. Dieses Spiel stammt aus der Geschichte ‚Pollyanna' (Porter, 1913), in dem die gleichnamige Hauptfigur aktiv positives Denken kultiviert, das *Glad Game*, das ihr verstorbener Vater ihr beigebracht hatte. Es hilft, wenn die Dinge einmal nicht gut laufen. Das Spiel geht so: Eine Person erzählt von einem negativen Ereignis oder etwas, das ihr missfällt. Die anderen Spieler sind aufgefordert, die Gedanken der ersten Person ins Positive zu lenken und einen Grund zu finden, trotzdem froh zu sein. Pollyanna hatte sich zum Beispiel eine Puppe gewünscht, aber mit der Sendung der Armenhilfe kamen Kinderkrücken. Ihr Vater machte sie darauf aufmerksam, dass sie froh sein kann, die Krücken nicht zu brauchen.

Was im ersten Moment vielleicht naiv daherkommt, hatte aber eine erstaunliche Wirkung. Nach dem Erscheinen des Buches Anfang des 20. Jahrhunderts wurde es in den USA schnell zu einem großen Publikumserfolg, es wurde mehrfach verfilmt, sogar *Glad Clubs* wurden gegründet, um das positive Denken zu praktizieren. Das Spiel kann auf alle möglichen Situationen angewandt werden. Es ermutigt dazu, froh über das zu sein, was man hat und nach neuen positiven Möglichkeiten zu suchen, anstatt in Verzweiflung zu schwelgen.

6.2.5 Verantwortung übernehmen

Im Kapitel zur professionellen Identität haben wir uns mit der Haltung von Lehrkräften gegenüber ihrem Beruf beschäftigt. Wie stehst du zum Verhältnis zwischen System und Individuum: Siehst du den bildungspolitischen und den institutionellen Rahmen einer Schule als Zwangsjacke und als ein alles bestimmendes System oder bist du in der Lage, dich als Gestalter deiner professionellen Welt zu begreifen?

Das Bildungssystem und die Institution Schule gehören zu den meistkritisierten und gleichzeitig veränderungsresistentesten Teilen der Gesellschaft. Es besteht kein Zweifel daran, dass dieses System, von den Vorgaben der Bildungspolitik bis hin zur innerschulischen Hierarchie, eine Struktur darstellt, die einen Rahmen absteckt. Wie man sich gegenüber dieser Struktur positioniert, ist aber immer eine Wahl. Möchte ich mich mit dem System arrangieren und innerhalb der Grenzen des Systems agieren, entschließe ich mich, auszusteigen oder versuche ich, das System positiv zu verändern?

Man muss sich auch davor hüten, den Rahmen enger zu sehen, als er ist. Systeme sind dehnbar, Regeln haben Lücken, Lehrpläne sind offen für individuelle Interpretation und niemand kann einem vorschreiben, wie man einer Klasse gegenübertritt. Es gibt zahllose Beispiele von einzelnen Lehrpersonen und ganzen Schulen, die innerhalb des ‚Systems' großartige Innovationen entwickelt haben und mit ihren Schülerinnen und Schülern so arbeiten, wie sie es für richtig und im 21. Jahrhundert für angemessen halten.

Wer Beispiele von solchen starken, verantwortungsvollen und innovativen Lehrpersonen sucht, um sie als Rollenmodelle zu studieren und als stellvertretende Erfolgsbeweise heranzuziehen, kann sie finden. Einige werden regelmäßig von ihren Schülerinnen und Schülern nominiert und von der Heraeus Stiftung mit dem Lehrkräftepreis geehrt. Ebenso werden Vorbildschulen, an denen mutig und zukunftsweisend gearbeitet wird, jedes Jahr mit dem deutschen Schulpreis der Robert-Bosch-Stiftung ausgezeichnet. Diese Schulen können studiert und besucht werden, um zu verstehen, wie positive Schulentwicklung und Verantwortungsübernahme in der Praxis gelebt werden.

Verantwortung zu übernehmen, ist die ultimative Verkörperung von Führung. Und Verantwortung ist eindeutig Teil der professionellen Rolle einer Lehrkraft, sie wird sogar offiziell gefordert. So liest sich etwa ein Auszug aus der Dienstordnung für Lehrkräfte in Nordrhein-Westfalen wie folgt: „Es gehört zum Beruf der Lehrer und Lehrerinnen, **in eigener Verantwortung und pädagogischer Freiheit** die Schüler und Schülerinnen zu erziehen, zu unterrichten, zu beraten, zu beurteilen, zu beaufsichtigen und zu betreuen" (Ministerium für Schule und Weiterbildung des Landes Nordrhein-Westfalen, 2012, §5).

Es gibt verschiedene Dimensionen von Verantwortung. Die erste Dimension bezieht sich darauf, Verantwortung für sich und sein Handeln zu übernehmen. Damit ist nicht nur die im dritten Kapitel besprochene Kohärenz von Ideal und Praxis gemeint. Verantwortung zu leben, beinhaltet auch, Fehler nicht bei anderen zu suchen, sondern sie sich auch selbst einzugestehen und gegebenenfalls zu artikulieren. Und es bedeutet, bewusste Entscheidungen zu treffen und für diese einzustehen, anstatt die Verantwortung auf andere oder die Beschränkungen des Systems und der Umstände abzuwälzen.

Die zweite Dimension der Verantwortung beinhaltet, anderen, vor allem den Schülerinnen und Schülern, Verantwortung zu übertragen, um sie in ihrer Verantwortungskompetenz zu stärken. Verantwortung übernehmen zu können, ist eine zentrale Kompetenz des 21. Jahrhunderts. Wenn junge Menschen diese Kompetenz entwickeln sollen, muss im Unterricht Raum dafür geschaffen werden, dass Verantwortungsübernahme geübt werden kann. Aus dieser Perspektive betrachtet bietet die Welt mit ihren vielfachen Herausforderungen ein weites Übungsfeld. Das Curriculum und meine Schulfächer sind lediglich eine Herangehensweise, um diesen Herausforderungen zu begegnen. Wenn wir junge Gestalterinnen und Weltbürger ausbilden wollen, die einen positiven Beitrag zur Welt leisten, dann müssen wir ihnen Gelegenheiten bereiten, sich schon früh als solche zu beweisen,

anstatt diese Regungen im Keim dadurch zu ersticken, dass wir alles vorgeben und keinerlei Eigeninitiative zulassen. Das bedeutet, aktive Lernformate zu erfinden, Erfahrungen zu ermöglichen und Entwicklung zu unterstützen.
Die dritte Dimension der Verantwortung ist die gesellschaftliche Verantwortung. Sie beinhaltet, Verantwortung für Prozesse zu übernehmen, die über den engen Rahmen des Unterrichts im Klassenraum hinausweisen. Diese können sich entweder auf Schulentwicklung oder Verbesserungen im Bildungssystem beziehen. Oder sie können das Potenzial von Bildung als Transformationsinstrument nutzen, um größere gesellschaftliche Themen zu bearbeiten, wie etwa die in den 17 nachhaltigen Entwicklungszielen formulierten, die im Kapitel ‚Bildung wozu?' vorgestellt wurden.
Das Gegenteil von Verantwortung und freier Entscheidung zum Handeln ist eine Märtyrer- oder Opferhaltung. Wer sich als Opfer des Systems und der Umstände sieht, spricht sich jede Handlungsfreiheit ab. Das ist erst einmal bequem, denn dort wo keine freie Handlung möglich ist, muss auch keine Verantwortung für die eigenen Handlungen übernommen werden. Gutes wie Schlechtes ist von vornherein gegeben und von fremden Einflüssen bestimmt. Das Prinzip, Entscheidungen zu vermeiden, kann auf den ersten Blick verlockend erscheinen. Aber wer sich hinter dem Glauben versteckt, dass andere für sein Glück verantwortlich sind, verzichtet auf die Möglichkeit, sein Leben zu gestalten und wirkmächtig zu sein.
Zu erkennen, dass wir Wahlmöglichkeiten haben, ist eine der stärksten menschlichen Motivationen und bedeutet die größtmögliche Freiheit. Diese ultimative und lebensbejahende Freiheit hat in besonders eindrucksvoller Weise der österreichische Neurologe und Psychiater Viktor Frankl beschrieben. Sein Werk zu lesen, sei jedem empfohlen, der sich Ermutigung holen und seine eigene Situation, die sich zuweilen beschwerlich und eingeschränkt anfühlen mag, in Perspektive setzen will.

> "There were always choices to make. Every day, every hour offered the opportunity to take a decision which determined whether you would or would not submit to those powers which threatened to rob you of your very self; your inner freedom, which determined whether or not you would become the plaything of circumstance" (Frankl, 1959, S. 87).

Frankl überlebte die Internierung im Konzentrationslager, weil er es geschafft hat, auch unter diesen unmenschlichen Bedingungen des größtmöglichen Freiheitsentzugs ein Akteur zu bleiben, einen Sinn im Dasein zu erkennen und sich seine Würde und seine Sicht der Dinge nicht nehmen zu lassen. Ein krasses Beispiel, aber eines, das demonstriert, welche Kraft darin steckt, innerhalb bestehender Rahmenbedingungen, die die Welt, unsere Arbeit, unsere Umgebung und die Menschen, mit denen wir zu tun haben, uns bieten, selbstbestimmt zu agieren.

Es gibt noch eine weitere wichtige Dimension von Verantwortung. Verantwortung kann man nicht zuletzt auch für sein eigenes Wohlergehen und für gute Arbeitsbedingungen übernehmen und sich dafür einsetzen, dass diese beachtet und adäquat ausgestaltet werden. Damit ist nicht gemeint, sich andauernd zu beschweren. Sondern vielmehr, ganz rational die Gründe und Argumente vorzubringen, warum verschiedene Bedingungen wichtig sind, damit optimale Leistung erbracht werden kann und sich diese Bedingungen so gut wie möglich selbst zu schaffen. Lehrkräfte sind schlichtweg die wertvollste Ressource der Bildung. Ihnen die besten Bedingungen zu geben, um in ihrer Arbeit erfolgreich zu sein, ist die beste und auch die effizienteste Investition, die ein Bildungssystem tätigen kann. Mit dieser Haltung kann man an Vorgesetzte herantreten, um zu argumentieren, welche Bedingungen dies im Einzelnen sind und wie sie konkret einzurichten wären. Je mehr Lehrkräfte für gute Arbeitsbedingungen auf diese konstruktive Weise eintreten, desto größer wird der Druck auf das System, von der einzelnen Schule bis hin zu Bildungspolitik und -finanzierung auf Landes- und Bundesebene und erhöht damit die Chancen, dass bessere Arbeitsbedingungen zur Verfügung gestellt werden.

Im Erwachsenenalter kommt es selten vor, dass eine andere Instanz sich aktiv um uns kümmert oder überhaupt wahrnimmt, was wir benötigen würden, damit es uns gutgeht und wir unsere Arbeit gut machen können. Wir müssen es selbst in die Hand nehmen und entsprechende Bedingungen suchen und einfordern. Und solange keine Verbesserungen umgesetzt werden, müssen wir uns so gut es geht um uns selbst kümmern, um innerhalb der aktuell bestehenden Strukturen operieren zu können. Damit wären wir beim nächsten Thema: Wohlbefinden als Schlüsselkompetenz.

7 Wohlbefinden als Schlüsselkompetenz

Lehrerinnen und Lehrer gehören zu den Berufsgruppen mit dem größten Burnout-Risiko. In Bezug auf Krankheitsausfälle auf Grund von Überlastung führen Lehrkräfte neben den verschiedenen Pflegeberufen regelmäßig die Ranglisten an. In diesem Kapitel wollen wir uns daher mit verschiedenen Ansätzen beschäftigen, die helfen, einen bewussten Umgang mit seinen Ressourcen zu entwickeln, gut für sich selbst zu sorgen und damit einer ungesunden Überlastung vorzubeugen.

Übungen:

Stressanalyse

Deine Energiequellen

Intervision

Zum Nachdenken:

Die grauen Herren

Regeneration

Teamaufstellung

7.1 Berufskrankheit Überlastung

Überlastung im Beruf ist bei Lehrkräften ein ernstzunehmendes Risiko. Und das nicht erst im fortgeschrittenen Alter. Erstaunlich häufig ist der zeitweilige oder sogar permanente Ausstieg aus dem Beruf aufgrund gesundheitlicher Probleme bereits bei Berufsanfängern. Jede vierte junge Lehrkraft leidet unter Burnout-Symptomen, das heißt Zustände starker körperlicher und emotionaler Erschöpfung, Antriebslosigkeit, Schlafstörungen und Schwierigkeiten, sich zu entspannen und nachhaltig zu erholen. Etwa ein Drittel der Lehrkräfte verlässt den Beruf bereits in den ersten fünf Jahren wieder (Tandler & Petersen, 2021).

Schon in den ersten Jahren der Berufsausübung auszuscheiden, ist eine frustrierende Erfahrung. Auf dem Weg dorthin verbringen weder die jungen Lehrkräfte glückliche Jahre, noch profitieren ihre Schülerinnen und Schüler von ihren Anstrengungen. Nicht zuletzt verursacht eine solche Entscheidung auch ganz erhebliche Kosten für den Staat, der in die Ausbildung der neuen Generation von Lehrkräften investiert hat. Ein fünfjähriges Lehramtsstudium kostet pro Kopf etwa 36.000 Euro. Multipliziert mit der Anzahl der Aussteiger kam man im Jahr 2021 auf eine Summe von ca. 260 Millionen Euro (Statistisches Bundesamt [StBA], 2023b). Und jede junge Lehrkraft, die gleich wieder aussteigt, verschärft wiederum das Problem des Lehrkräftemangels.

Dazu kommt, dass viele Lehrerinnen und Lehrer ihre Arbeit nicht bis zum Pensionsalter ausüben können und wegen Dienstunfähigkeit, wie es im Beamtendeutsch heißt, frühpensioniert werden (StBA, 2022, S. 128ff). Hauptursachen sind auch hier Burnout-Erkrankungen infolge permanenter Überforderung. Die Anzahl der Frühpensionierungen aufgrund von psychischen Belastungen oder psychosomatischen Beschwerden ist in den letzten Jahren deutlich angestiegen. Das mag einerseits auf die wachsende Aufmerksamkeit und gesellschaftliche Akzeptanz für solche Krankheiten zurückzuführen sein. Es ist aber sicherlich auch eine Folge von schwierigen Arbeitsbedingungen bei gleichzeitig erheblich gestiegenen Anforderungen. Offensichtlich gibt es eine ungute Diskrepanz zwischen den Ansprüchen und den Möglichkeiten, diese zu erfüllen und dabei gesund zu bleiben.

Das perfide dabei ist, dass sich Symptome der Erschöpfung meistens schleichend einstellen, weswegen sie oft lange unbemerkt bleiben, bis dann der Zustand irgendwann für die Betroffenen nicht mehr haltbar ist. Viele angehende Lehrkräfte, die mir in meinen Seminaren begegnen, halten es bereits während der Ausbildung für normal, keine Zeit für Pausen zu haben und ständig gestresst zu sein. Das sind dann häufig die Kandidaten, die nach einigen Jahren die genannten Statistiken füllen, weil sie sich keine Werkzeuge zurechtgelegt haben, um mit den Anforderungen des Berufes souverän umzugehen und ihre eigene Gesundheit zu schützen.

Die hohen Anforderungen des Berufes sind nicht von der Hand zu weisen. Als Gründe der Überlastung werden von Lehrkräften die großen und vielfältigen Arbeitsanforderungen, fehlende Pausen und Lärmbelastung, aber auch mangelnde Anerkennung im Beruf genannt. Gerade hochmotivierte, perfektionistisch veranlagte und idealistische Menschen, die ihr Bestes geben und andere unterstützen wollen, sind gefährdet und müssen Wege finden, um ihr Engagement sinnvoll einzusetzen und zu dosieren. Es gehört zur Professionalität einer Lehrkraft, dass sie es versteht, ihre Kräfte gut einzuteilen und dass sie die Mechanismen kennt, die für anhaltend gute Leistungsfähigkeit sorgen. Nicht Nein sagen zu können und sich keine Pausen zu gönnen, mag ein Akt der heroischen Selbstaufopferung sein, ist aber in den wenigsten Fällen dauerhaft im Sinne einer qualitätsvollen und freudvollen Arbeit und endet mit großer Wahrscheinlichkeit in der beschriebenen Erschöpfungsfalle.

Schauen wir uns also an, wie wir es erreichen können, konstruktiv mit den Herausforderungen des Berufes umzugehen und welche Strategien man sich am besten gleich zum Berufseinstieg zurechtlegt, um gesunde Arbeitsroutinen zu etablieren. Natürlich gibt es auch genügend Beispiele von Lehrkräften, die nach einem langen, erfüllten Berufsleben gar nicht ans Aufhören denken wollen. Nancy Tandler und Lars-Eric Petersen von der Universität Halle haben erforscht, was die Lehrkräfte auszeichnet, die den Beruf lange gesund ausüben. Vor Überlastung schützt laut ihrer Studie eine Fertigkeit, die die Forscher als Selbstmitgefühl bezeichnen: die Fähigkeit, sich selbst zu ermutigen, anstatt sich als ungenügend zu kritisieren und ausreichend für sich selbst zu sorgen (Tandler und Petersen, 2021).

Neben einer hohen Selbstwirksamkeitserwartung, die wir im vorherigen Kapitel besprochen haben, gehört es also zu den wichtigen Fertigkeiten einer Lehrkraft, sich effektiv um sich selbst zu kümmern und Strategien zu entwickeln, dauerhafter Überforderung vorzubeugen und positives Engagement nicht mit Selbstaufgabe zu verwechseln. Der amerikanische Neurowissenschaftler und Psychologe Richard Davidson, Gründer des Center for Healthy Minds an der Universität Wisconsin, hat dafür einen treffenden Satz geprägt: ‚Wellbeing is a skill'. Die Fähigkeit, für das eigene Wohlbefinden zu sorgen und Stress zu bewältigen, ist im 21. Jahrhundert eine Schlüsselkompetenz – vor allem für Lehrkräfte. Wie jede andere Kompetenz ist sie lern- und entwickelbar.

Wer diese Kompetenz beherrscht, hat nur Vorteile. Wohlbefinden ist die Voraussetzung dafür, handlungsfähig zu sein, geben zu können, Veränderungen anzustoßen und gute Entscheidungen zu treffen. Während der Arbeit mit Schülerinnen und Schülern treten die eigenen Bedürfnisse oft in den Hintergrund. Stattdessen geht es darum, den Unterricht interessant und bereichernd für andere zu machen. Umso wichtiger ist es und auch das ist Teil der Professionalität einer Lehrkraft, Bedingungen herzustellen, die dieses Geben und energievolle Arbeiten ermöglichen – jeden Tag aufs Neue. Niemand anderes wird sich darum kümmern, es ist allein unsere Aufgabe als Profis.

Die Kompetenz der Selbstfürsorge ist nicht nur die Voraussetzung für gute Arbeit von Lehrkräften, sondern wie wir in Kapitel 4 gesehen haben nachweislich auch für das Lernen selbst. Ein Gehirn, das Stress ausgesetzt wird, ist in seinen Exekutivfunktionen, einschließlich Lernen und Gedächtnis, eingeschränkt. Eine Investition in eine gute Arbeits- und Lernatmosphäre und in die Fähigkeit zum konstruktiven Umgang mit Stress zahlt sich für alle Beteiligten aus. Wer als Lehrkraft kompetent darin ist, für seine Gesundheit und sein Wohlbefinden zu sorgen, kann diese Kompetenz auch an Schülerinnen und Schüler weitergeben und so Bedingungen schaffen, die Lehren und Lernen unterstützen.

In diesem Kapitel beschäftigen wir uns daher mit einigen Aspekten dieser Schlüsselkompetenz und Möglichkeiten, diese bei sich zu stärken. Dazu gehört etwa, seine Belastungsfaktoren zu kennen und einzugrenzen, sich selbst die Erlaubnis für Pausen zu erteilen und für seine Bedürfnisse einzustehen. Auch ist es Teil der Kompetenz, herauszufinden, was einem guttut und was nicht und entsprechende Konsequenzen zu ziehen. Aber auch Strategien zu entwickeln, die helfen, seine Zeit einzuteilen und die nötige Disziplin für einen gesunden Lebenswandel aufzubringen – denn Selbstmitleid ist etwas anderes als Selbstfürsorge und gehört nicht zu diesem Kompetenzspektrum.

7.2 Selbstfürsorge praktizieren

7.2.1 Stress regulieren

Die Welt, die wir geschaffen haben, ist für uns Menschen in vieler Hinsicht nicht mehr artgerecht: ein Übermaß an Sinneseindrücken, permanente Veränderungen und schier unendliche Auswahlmöglichkeiten, immer weniger echte Verbindung zu unserer Umgebung und Entkoppelung von der Natur mit ihren natürlichen Kreisläufen und Momenten der erholsamen Ruhe. Man kann sagen, wir haben uns insgesamt gründlich von unserer natürlichen Basis entfernt, häufig auch von uns selbst und unseren körperlichen und seelischen Bedürfnissen. Um in der modernen Gesellschaft funktionieren zu können, müssen viele Menschen diese Bedürfnisse ständig unterwandern. Das Resultat ist das Gefühl einer andauernden Belastung.

Zu diesen problematischen Ausgangsbedingungen kommen bei Lehrkräften auch noch die spezifischen Anforderungen des Berufes. So ist es nicht weiter verwunderlich, dass Stress eine ganz herausgehobene Bedeutung für viele hat. Wer mit aktiven Lehrkräften spricht, bekommt häufig zu hören, dass sie ihren Beruf zwar lieben, aber sich durch ihn zu sehr belastet fühlen. Stress ist schon lange keine Modeerscheinung mehr, sondern seit vielen Jahren fester Bestandteil unseres Lebens. Aber was bedeutet eigentlich Stress? Ist Stress eine Einbildung oder eine messbare Größe? Um einen professionellen und vor allem sinnvollen Umgang mit dieser Problematik zu entwickeln, muss man dieses Phänomen erst einmal grundsätzlich verstehen.

Stress ist im Grunde eine lebenswichtige und an sich absolut sinnvolle Reaktion auf erhöhte Anforderungen. Wenn physische oder psychische Anforderungen akut steigen, werden die Stresshormone Cortisol und Adrenalin ausgeschüttet, um den Körper in eine erhöhte Aufmerksamkeit und Leistungsbereitschaft zu versetzen, was sich unmittelbar körperlich ausdrückt: beschleunigte Atem- und Herzfrequenz, gesteigerter Blutdruck und Muskelanspannung. Jeder kennt diese typischen Symptome. Problematisch wird es nur dann, wenn diese Reaktion zum Dauerzustand wird und der Körper nicht die Möglichkeit bekommt, die Stressreaktionen wieder abzubauen. Dann entsteht eine Situation von chronischem Stress, der zu nichts Gutem dient und viel Energie raubt. Wir werden wie ein undichtes Fass, aus dem es tropft und das immer wieder leer wird, auch wenn wir von oben mehr hineingießen.

Es gibt eine umfassende Forschungsliteratur, wie andauernder Stress die Leistungsfähigkeit und Gesundheit beeinträchtigt (Fuchs und Gerber, 2017). Unterschiedliche, wissenschaftlich fundierte Anti-Stress-Trainings sind entwickelt worden, um Menschen in die Lage zu versetzen, die Intensität und Dauer der negativen Auswirkungen von Stress einzudämmen und selbständig kompetent und regulierend damit umzugehen (vergleiche zum Beispiel Strobel, 2021 oder Kaluza, 2018). Diese Trainings beziehen sich üblicherweise auf eine Definition von Stress als innere oder äußere Anforderungen, die die Anpassungsfähigkeit von Individuen stark beanspruchen oder übersteigen. Es besteht also ein gefühltes Ungleichgewicht zwischen den Anforderungen und den verfügbaren Ressourcen, diese zu meistern. Um das Gleichgewicht wiederherzustellen, kann man sich verschiedene Bewältigungsstrategien aneignen, die einen darin unterstützen, die als belastend empfundene Situation erträglich zu machen, zu beherrschen, zu akzeptieren oder zu vermeiden.

Eine Situation ist stressig, weil wir sie als belastend empfinden. Was Menschen als belastend empfinden, ist dabei durchaus individuell unterschiedlich. Ebenso variiert, bei welcher Intensität von Belastung die Aktivität lediglich als stimulierende Herausforderung wahrgenommen wird oder sich wie eine Bedrohung anfühlt, die in Stress ausartet. Während manche den Adrenalinstoß förmlich suchen, sich absichtlich in unsichere Situationen begeben, um sie zu genießen und in einem monotonen, vorhersehbaren Umfeld erheblichen Stress durch Langeweile erfahren, empfinden andere bereits zwei Aufgaben, die gleichzeitig ihre Aufmerksamkeit fordern, als stressig und fühlen sich in einer geregelten, gleichförmigen Umgebung dagegen besonders wohl und produktiv.

An dieser Stelle ist es wichtig zu betonen, dass sich die Anregungen und Übungen dieses Kapitels auf einen gesunden Zustand beziehen. Wer sich lediglich noch keine Routinen zurechtgelegt hat, um mit den gesteigerten Berufsanforderungen umzugehen und erst noch Erfahrungen damit sammeln muss, sich selbst besser einzuschätzen, der kann aus diesen Vorschlägen gute Inspirationen ziehen, um sich auf den Berufsalltag vorzubereiten. Wer hingegen ernsthaft überfordert ist oder gar parallel dazu mit anderen psychischen oder seelischen Problemen zu kämpfen hat, sollte professionelle Hilfe in Anspruch nehmen. Für solche Fälle sind die folgenden Reflexionen und praktischen Aufgaben nicht weitreichend genug und wollen keinesfalls als Anleitung zur Selbsttherapie verstanden werden.

Der erste Schritt im Umgang mit Stress besteht darin, seine eigene Haltung zum Thema Stress zu analysieren, um Stressfaktoren zu erkennen und Stress auslösende Situationen einordnen zu können.

ÜBUNG: Stressanalyse

Die Übung beginnt damit, sich angenehme Bedingungen an einem schönen, ruhigen Ort zu schaffen und sich Zeit zu nehmen, seinen Alltag systematisch zu scannen. Vielleicht hilft auch der Austausch zu diesem Thema mit einer anderen Person, die sich in einer ähnlichen Lage befindet. Halte die Ergebnisse deiner Analyse schriftlich fest, um immer wieder leicht darauf zurückgreifen zu können. Folgende Fragen können dir dabei helfen:

- Wodurch gerätst du in Stress? Ist es die Beschaffenheit des Raumes und seine Geräuschkulisse? Das Ausmaß der täglichen Aufgaben? Andere Menschen? Sind es eigene Gedanken oder anerzogene Denkmuster?
- Welche Anzeichen melden sich dann bei dir? Welche Gedanken, Gefühle und körperlichen Reaktionen treten auf?
- Wann genau treten sie auf und wie wirken sie sich unmittelbar und längerfristig aus?

Du kannst anhand der folgenden Liste von Stressquellen (Stressoren) vorgehen und sie, wenn nötig, ergänzen:

- Physische Stressoren: Schafmangel, Bewegungsmangel, Schmerzen, Krankheit
- Umweltfaktoren: Räume, Laustärke, Wetter, Dunkelheit
- Soziale Stressoren: Konflikte, Kritik, schlechte Nachrichten, Schulden, mangelnde Anerkennung, Konkurrenzdruck, Sorgen um Angehörige
- Mentale Stressoren: unbekannte, unklare, widersprüchliche oder gefühlt zu hohe Anforderungen, Leistungsdruck, Termindruck, Monotonie, Langeweile
- Eigene Stressoren: Zukunftsängste, eigene Erwartungen und Streben nach Perfektion, unerfüllte Sehnsüchte

Wenn Stress die subjektiv wahrgenommene Diskrepanz zwischen den Anforderungen und unseren Möglichkeiten, diese zu bewältigen, ist, dann brauchen wir zur Stressanalyse zunächst die Fähigkeit, die tatsächlichen Anforderungen und die eigenen Ressourcen so objektiv wie möglich zu beurteilen. Vorgefasste Ansichten und Vorstellungen bezüglich dieser beiden Komponenten spielen eine große Rolle dabei, etwa wie gravierend eine Situation eingeschätzt wird oder wie umfangreich die zur Verfügung stehenden Ressourcen erscheinen, um mit ihr umzugehen.

Der Ausgangspunkt ist also, die eigenen Gedanken genau zu beobachten und aus einer distanzierten Haltung heraus zu analysieren, was wirklich objektiv bedrohlich und was lediglich die eigene, möglicherweise übertriebene Interpretation der Situation ist. Wie würden andere, gelassenere Menschen in dieser Situation reagieren? Was wäre ein konstruktiver Umgang? Die objektiven Gegebenheiten sind vielleicht in Wirklichkeit weniger bedrohlich, als das, was meine Emotionen daraus machen. Oder aber im Gegenteil: die aufkommenden Zeichen von Erschöpfung sollten nicht heruntergespielt oder ignoriert, sondern unbedingt ernst genommen und angegangen werden, um die Zuspitzung der Symptome in einem Burnout zu vermeiden. Wichtiges von Unwichtigem unterscheiden zu können, bringt Realismus und Gelassenheit. Ich saß einmal in Paris mit einer Gruppe von Abenteurern am Tisch zum Abendessen. Der Ehrengast des Abends war gerade von einer Reise nach Afghanistan zurückgekommen und erzählte mit großer Geste von seinen Abenteuern. So groß waren seine Gesten, dass er den Inhalt seines Rotweinglases mit Elan über die weiße Tischdecke schüttete. Manche hätten hier laut fluchend oder mit einem Schreckensruf reagiert. Aber der Erzähler unterbrach sich nicht einmal im Satz, sondern richtete lediglich das leere Glas wieder auf, um neu einzuschenken. Er hatte Schlimmeres erlebt.

Schließen wir unsere Stressanalyse mit der Frage nach dem richtigen Fokus ab: Habe ich meinen Fokus auf Dingen, die ich nicht beeinflussen oder gar kontrollieren kann, wie z. B. andere Menschen, Kontextbedingungen wie die Gesetzeslage oder das Wetter am Morgen. Oder konzentriere ich mich auf Faktoren, die ich selbst in der Hand habe oder zumindest beeinflussen kann? Zu Letzterem gehören allen voran meine eigenen Gedanken und meine Haltung gegenüber der Situation, die mir begegnet.

Welche deiner Stressoren gehören in welchen Zirkel?

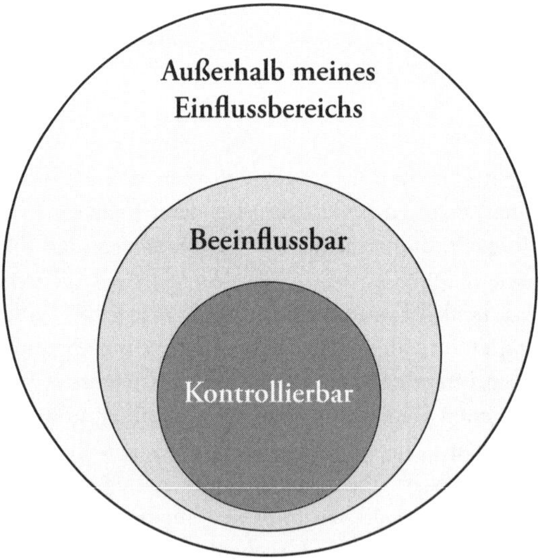

Abb. 7.1: Kontroll- und Einflussbereiche.

Nachdem wir alle Daten zu möglichen Stressoren zusammengetragen und diese nach Relevanz sortiert haben, können wir uns nun mit den Maßnahmen zur deren Eindämmung befassen. Eine ebenso individuelle Angelegenheit, wie die Analyse der Stressoren. Ausgangspunkt erfolgreicher Stressbewältigung ist, dass man es tatsächlich in Angriff nehmen will, seinen subjektiven Stress zu bewältigen und einzudämmen. Das Wichtigste ist dabei, es wirklich zu tun und konsequent Maßnahmen zu ergreifen. Wer dieses Thema im Konjunktiv mit ‚man müsste' oder ‚ich sollte' angeht, wird hier mit größter Wahrscheinlichkeit scheitern.

Auf dem Weg zur Professionalisierung lässt sich das große Gebiet der Stressbewältigung in drei Schritten durchmessen.

Schritt 1: Stressprävention. Bewusster und aktiver Umgang mit Stress beginnt bei der Prävention. Hier kannst du dir folgende Fragen stellen:

- Wie kann ich die negativen Auswirkungen von Stress verhindern oder zumindest vermindern?
- Gibt es Möglichkeiten, die stärksten Stressfaktoren abzubauen, kurz-, mittel- und langfristig?
- Wie könnte ich Faktoren, die sich nicht einfach ändern lassen, anders betrachten und etwa als ein Übungsfeld wahrnehmen, um Gelassenheit aufzubauen?
- Wie kann ich mich von den beruflichen Stressfaktoren aktiv distanzieren, um nicht die negativen Aspekte der Arbeit mit nach Hause nehmen?

Seine eigenen Grenzen bewusst zu ziehen, ist hier der zentrale Punkt. Wir haben schon mehrfach davon gesprochen, wie wichtig es ist, Verantwortung zu übernehmen. Aber zu weitreichende Verantwortungsübernahme, etwa für die Probleme in den Familien deiner Schülerinnen und Schüler oder für krankhafte Besonderheiten, für die ganz klar andere Experten zuständig sind, kann auch schädlich und eine Investition am falschen Ende sein. Lehrkräfte sind mit dieser Herausforderung nicht alleine. Angehörige aller Berufsgruppen, die Umgang mit schwierigen Situationen haben, seien es Einsatzkräfte, Mediziner oder Richter, müssen diese Distanzierung schaffen. Manchen Menschen hilft es bereits, mit dem Fahrrad nach Hause zu fahren, um den Kopf frei zu bekommen, andere erklären ihre Wohnung zur beruflichen Tabuzone.

Schritt 2: Gegenmaßnahmen. Manche Stressfaktoren lassen sich nur schwer aus dem Weg räumen, sie sind Teil des beruflichen Alltags. Aber ein kompetenter und frühzeitiger Umgang mit hohen Anforderungen kann das subjektive Belastungsgefühl eindämmen und verhindert, dass Stressreaktionen chronisch werden. Es ist daher nötig, die typischen Stressquellen nicht nur zu kennen, sondern auch ein Repertoire aus wirkungsvollen Gegenmaßnahmen zu besitzen und in der Lage zu

sein, diese der Situation gemäß einzusetzen. Es gibt unzählige Ansätze, welche Methoden sprechen dich an?
Körperliche Aktivitäten helfen, im Körper angestaute Stresshormone abzubauen. Vor allem komplexere körperliche Aktivitäten, wie Tanzen, Fechten oder Reiten richten die Konzentration voll auf diese Bewegungsabläufe und lenken damit aktiv den Fokus weg von Stress induzierenden Gedankengängen. Entspannungsübungen, wie etwa Techniken zur progressiven Muskelentspannung, Atemübungen oder Imaginationsübungen können dazu ebenso dienen, wie Zwiegespräche mit Menschen, deren Rat wir schätzen. Auch Musik, angenehme Räume, Kontakt zu Natur und Tieren helfen, Stress abzubauen und für Wohlbefinden zu sorgen. Übungen, die die eigene Haltung verändern, können bei der Stressbewältigung helfen. Dazu gehört, eine andere Perspektive einzunehmen, Dankbarkeit, Optimismus und Akzeptanz zu kultivieren und einen bewussten Fokus auf Erfolge zu legen. Aber auch positive Selbstgespräche, Vorstellungs- oder Zielsetzungstrainings können alle die Einstellung zum Arbeitsalltag verändern.

Schritt 3: Zeitmanagement. Der Umgang mit Zeit ist eine der größten Herausforderungen im Lehrerberuf. Man wird nicht umhinkommen, sich aktiv damit auseinanderzusetzen. Zunächst einmal ist er eine Frage der Haltung. Die deutsche Sprache kennt den Ausdruck ‚keine Zeit haben'. Nun haben alle Menschen jeden Tag 24 Stunden und können daran wenig ändern. Etwas ganz anderes ist es, sich Zeit zu nehmen. Letzteres ist eine bewusste Entscheidung, wie man seine Zeit verbringt und Dinge priorisiert. Ein gutes Beispiel ist das Gespräch mit einer Schülerin oder einem Schüler. Ein Gespräch kostet zunächst einmal Zeit. Aber gleichzeitig kann es in der Zukunft ungemein viel Zeit sparen, wenn man etwas verstanden oder eine vertrauensvollere Beziehung aufgebaut hat. Die investierte Zeit kann sich also durchaus auszahlen. Es gibt verschiedene Strategien, von denen man sich inspirieren lassen kann, um seinen eigenen Umgang mit der Zeit befriedigend zu gestalten.

Strategie 1: Not-to-Do-Listen. Beim Thema Zeit gibt es einen weit verbreiteten Mythos: Erfolgreiche Menschen sind immer busy. Dieser Mythos hinkt auf allen Füßen. Erfolgreiche Menschen brauchen Freiräume, um sich weiterzuentwickeln, um nachzudenken und gute Entscheidungen zu treffen. All das ist schwierig, wenn jede Minute besetzt ist. Wer ständig beschäftigt ist, bekommt vielleicht in Wahrheit seine Arbeit nicht organisiert, kann nicht nein sagen, schätzt seine Leistungsfähigkeit falsch ein oder kann nicht delegieren. Timothy Ferris, der Autor des Buches ‚The 4-Hour Work Week' (2022), hat eine ganze Reihe von Methoden zusammengetragen, wie man drastisch Zeit einsparen kann. Allen voran steht das Unterscheiden von wichtigen und unwichtigen Aufgaben, denn auch viel Zeit mit einer unwichtigen Aufgabe zu verbringen, macht diese nicht wichtiger. Sein

Ansatz ist, Not-to-Do-Listen zu schreiben und repetitive Aufgaben konsequent zu delegieren, um sich auf die eigentlich wichtigen Dinge zu konzentrieren und keine Zeit und Energie auf Nebensächliches zu verschwenden.

Strategie 2: Die 80/20 Regel. Perfektionismus ist ein weiterer Zeitkiller. Das Pareto-Prinzip (oder vereinfacht die 80/20 Regel) besagt, dass 80 Prozent der Resultate auf 20 Prozent der Anstrengung beruhen. 100-prozentige Resultate erreichen zu wollen, ist aus dieser Perspektive völlig ineffizient. Selbstverständlich gibt es Ausnahmen, zum Beispiel, wenn ein Leben von totaler Präzision abhängt, aber das betrifft nicht den Bereich der Bildung. Viel wichtiger ist es, die relevanten 20 Prozent einer Aufgabe zu identifizieren und die restlichen Anteile klar schwächer zu priorisieren. Manche Probleme lösen sich auch von alleine, andere kann man delegieren. Und schließlich kommt Zeitgewinn auch durch effektives Organisieren zustande. Neben der Wissensorganisation, die wir in Kapitel 4 bereits betrachtet haben, ist die Organisation von Arbeitsabläufen ein wichtiger Faktor. Man kann zum Beispiel Zeiten festsetzen, zu denen man sich ohne zeitraubende Unterbrechung einer Aufgabe widmen will und keine Emails oder anderen Nachrichten empfängt, die einen ablenken.

Strategie 3: Nichtstun. Mancher Zeitgewinn entsteht nicht durch Abarbeiten, sondern durch Pausen, Leerlauf oder Muße. Wer Schwierigkeiten hat, sich unter dem letzteren etwas aus der Mode gekommenen Begriff etwas vorzustellen, möge Hühner beim Sandbad beobachten. Nicht gelangweiltes, sondern genüssliches Nichtstun. Das kann – muss aber nicht – ausgesprochen produktiv sein. Das sind die berühmten besten Ideen, die man unter der Dusche hat, wenn nichts muss und man entspannt zum Plätschern des Wassers die Gedanken einfach ziellos schweifen lassen kann. Leerlauf kann aber auch Zeit zum gezielten Nachdenken bedeuten. Mit einer guten Idee kann man sich manchmal viele Stunden Arbeit ersparen. Und natürlich dient Leerlauf der Erholung, danach geht einem alles doppelt so schnell von der Hand.

ZUM NACHDENKEN: Die grauen Herren

Eine der besten philosophisch-literarischen Betrachtungen der Zeit stammt von Michael Ende. In seinem Roman ‚Momo' (1973) rauben die grauen Herren den Menschen die Zeit und werden von dem Mädchen Momo mit Hilfe der weisen Schildkröte Kassiopeia wieder in ihre Schranken gewiesen. Das Werk aus dem Jahre 1973 hat nichts an Aktualität verloren und ist für Erwachsene genauso bereichernd, wie für Kinder und Jugendliche.

Wer sind diese Agenten der Zeitsparkasse in deinem Leben und was sind deine Strategien, um gegen sie vorzugehen?

7.2.2 Regeneration einplanen

Eine weitere wichtige Komponente der Kompetenz Selbstfürsorge ist das Verständnis von Regeneration. Während für den Umgang mit begrenzter Zeit die effektivsten Ideen vielleicht aus der Wirtschaft kommen, wo Zeit Geld ist und man sich deshalb viele Gedanken darüber macht wie man Zeit einsparen kann, so können wir uns in Bezug auf dieses Thema von anderen Profis etwas abschauen, den Sportlern. Jeder, der eine Sportart betreibt und sich darin ernsthaft trainiert hat, wird die Erfahrung gemacht haben, dass mehr Training nicht immer zu einer besseren Leistung führt. Ähnliches kann man auf mentaler Ebene und in Bezug auf die Ausübung geistiger Aktivitäten erleben, etwa, wenn man eine Sprache lernen möchte oder sich mit einer neuen Materie befasst. Das klingt zunächst einmal nicht sonderlich einleuchtend. Warum ist das so?

Eine Stagnation in der Leistung oder gar ein Leistungsabfall kommen dann zustande, wenn die Belastung, also – in Sportterminologie gesprochen - der Trainingsreiz nicht mit einer entsprechenden Regeneration kompensiert wurde. Betrachten wir das Thema Regeneration einmal genauer, um Schlüsse auf den Umgang mit den eigenen Ressourcen ziehen zu können. Bei körperlichem Training werden Muskeln, Sehnen und Bänder beansprucht und die Energiereserven geleert. Stehen zu wenig Zeit oder ungenügende Bedingungen zur Regeneration zur Verfügung, kann der Körper diese Energiereserven nicht wieder vollständig auffüllen und Erholung findet nur unvollständig statt. Das Resultat ist trotz Training ein sukzessiver Abfall der Leistung (Abb. 7.1). Diese Prozesse der unvollständigen Regeneration kann man auch auf die psychisch-mentale Ebene übertragen. Auch diese kann mit adäquaten Anreizen gestärkt und bei dauerhafter Überreizung ohne ausreichende Regeneration sukzessive überanstrengt und geschwächt werden.

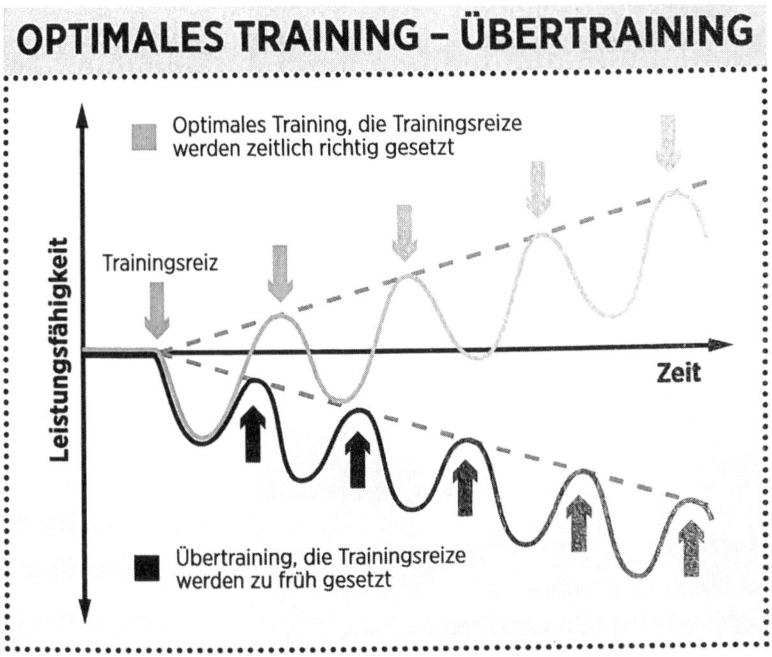

Abb. 7.2: Trainingsreiz und Regeneration (Steffny, 2019, S. 75).

Unsere körperliche Leistungsfähigkeit wie auch unsere allgemeine Vitalität hängen also unter anderem davon ab, wie schnell wir uns nach Anstrengung wieder erholen können. Ein Körper oder ein Geist, der schnell regeneriert, ist einsatzfähig und baut Energie auf, statt bei mangelnder Regeneration immer weiter und bis zur Erschöpfung abzubauen. Ein ganz wichtiger Faktor bei der Regeneration ist einfach guter und ausreichender Schlaf. Ein weiterer Faktor ist das Einräumen qualitätsvoller, regelmäßiger Pausen.

Die menschliche Energie wird von ultradianen Rhythmen bestimmt, das sind zum Beispiel die täglichen zyklischen Schwankungen von Blutdruck und Blutzucker. Der Körper arbeitet in natürlichen Rhythmen von 90 bis 120 Minuten mit Höhen und Tiefen. Der Versuch, den ganzen Tag auf Hochtouren zu arbeiten, ohne zu erkennen, dass dies biologisch auf Dauer nicht möglich ist, hat notwendigerweise negative Folgen. Gleiches gilt für ständige Erreichbarkeit, Reizüberflutung und Informationsüberfluss, bedingt vor allem durch die heutigen technischen Möglichkeiten und das Smartphone als permanentem Begleiter, der gleichzeitig etliche Aufmerksamkeitskanäle bespielt und stets Ablenkung bereitstellt. Diese sind die größten Hindernisse für eine erfolgreiche Regeneration.

Für qualitätsvolle Regeneration gilt ähnliches wie für die Stressoren: was als erholsam und stärkend empfunden wird, ist durchaus individuell unterschiedlich. Regeneration muss auch nicht notwendigerweise komplettes Nichtstun bedeuten. Für den einen sind durchtanzte Nächte, für andere ein einsamer Strandspaziergang das, was vom Alltag die beste Erholung schafft und zur Regeneration beiträgt. Aber nur selten werden diese Möglichkeiten zur Regeneration im Arbeitsalltag großzügig angeboten. Sie müssen gezielt aufgesucht und gepflegt werden. Um Freiräume für Regeneration zu schaffen, wird es nötig sein, eindeutige Grenzen zu ziehen und zu verteidigen.
Menschen sind unterschiedlich gut darin, ihren Leistungszustand im Alltag wahrzunehmen. Manche registrieren ihre Warnsignale und legen eine Pause ein, wenn ihr System danach verlangt. Andere können ohne Pause weitermachen und merken erst am Ende des Tages, dass sie vergessen haben zu Trinken oder zu Essen und eigentlich zum Umfallen müde sind. Daraus können punktuell ganz großartige Erfolge entstehen, wenn man an einem spannenden Projekt arbeitet oder eine Aufgabe unbedingt zu Ende bringen möchte. Wie beim Stress wird ein solches Verhalten erst dann zum Problem, wenn es sich als Dauerzustand etabliert. Besonders solche Menschen müssen sich Mechanismen für den Alltag überlegen und an ihrer Körperwahrnehmung arbeiten.

ZUM NACHDENKEN: Regeneration

Wie groß ist die Rolle, die dieses Thema in deinem Leben einnimmt? Hast du ein gutes Körpergefühl, das dir anzeigt, wenn eine Erholungspause angesagt ist? Kennst du die Mechanismen, die dir helfen, dich wirklich zu regenerieren und wie erreichst du es, dass diese Phasen fest in deinen Alltag integriert werden? Betrachte einmal alle Aspekte, die zum Thema Regeneration gehören und überlege, ob du dich mit deiner Kraft und Energie wohl auf der aufsteigenden oder möglicherweise auf der absteigenden Entwicklungskurve befindest. Und wie du in ein gutes Gleichgewicht kommst, das du auf Dauer auch aufrechterhalten kannst.

7.2.3 Energiequellen anzapfen

Der Kontrapunkt zu Energie zehrendem Stress ist, seine Energiereserven zu füllen und auszubauen und sich regelmäßig mit seinen Energiequellen zu verbinden. Wie stark man sich in gewissen Situationen belastet fühlt, hängt auch davon ab, wieviel Energie man in dem Moment zur Verfügung hat, um die jeweiligen Anforderungen zu bewältigen. Niemand kann geben und für andere da sein, etwas leisten und strahlen, wenn die eigenen Energiereserven sich dem Nullpunkt nähern. Deshalb müssen wir darauf bestehen, dass unsere Energiereserven regelmäßig nachgefüllt werden. Dafür ist es nötig, zunächst einen Radar für einen sinkenden Energielevel zu entwickeln.

Es gehört zur Professionalität, nicht erst zu warten, bis es zu spät ist und man in eine Negativspirale aus Müdigkeit und immer höher werdenden Aufgabenbergen kommt. Jeder kann Routinen für sich etablieren, um den Energielevel so konstant wie möglich zu halten. Einige typische Energiequellen sind bestens bekannt. Dazu gehören eine gesunde Ernährung und Bewegung am besten in der Natur, guter Schlaf und ein positives soziales Umfeld. Daneben hat natürlich jeder von uns auch seine ganz individuellen Energiequellen. Diese kann man sich bewusst machen und Zeit dafür einräumen.

ÜBUNG: Deine Energiequellen

Schreibe dir eine Liste von Dingen, die dir Energie geben. Was tut dir gut? Denke dabei nicht nur an die offensichtlichen, wie Ferienzeiten, sondern auch an die alltäglichen. Wie müssen die Energiemomente genau beschaffen sein? Welche kurz-, mittel- und langfristigen Energiequellen stehen dir zur Verfügung? Und wie oft besuchst du sie?

Der schwierigste Teil ist meistens gar nicht, die richtigen Energiequellen ausfindig zu machen, sondern sie auch regelmäßig aufzusuchen und für ihre Nutzung genügend Zeit einzuplanen. Ein guter Trick besteht darin, ein unverrückbares Date mit sich selbst zu vereinbaren und diese Zeiten fest in seinen Kalender einzutragen. Wenn es Sport ist, dann steht im Kalender mittwochs und freitags 18 – 19h30 Sport. Wenn es Nichtstun an einem Sonntagmorgen ist, dann wird der Sonntagmorgen mit einem Dauertermin blockiert.

Für manche Dinge, die uns guttun, brauchen wir Überwindung. Mit dem Rad statt mit dem Auto fahren, früh genug ins Bett gehen, gesund essen fällt manchen Menschen schwer. Der Bestseller ‚Atomic Habits' von James Clear (2020) ist eine Anleitung dafür, wie man gute Vorsätze auch wirklich in die Tat umsetzt: indem man sich nicht übertrieben hohe Ziele setzt und sie doch nicht erreicht und frustriert ist, sondern indem man ganz kleine Schritte geht und damit gute Gewohnheiten etabliert, die sich erstaunlich positiv auswirken können.

7.2.4 Im Team arbeiten

Soziale Einbindung und ein unterstützendes Umfeld sind Faktoren, die stark zum eigenen Wohlbefinden beitragen. Nicht alles muss man ausschließlich aus sich alleine schöpfen. Andere Menschen können eine großartige Ressource sein. Erinnerst du dich an die Übung zur Haltung im Kapitel zur professionellen Identität? Wie hast du dich zur Darstellung der heroischen Lehrkraft positioniert? Hast du die Vorstellung, dass eine Lehrkraft allein im Klassenraum bestehen muss oder siehst du dich als Teil eines Teams und professionellen Netzwerks, mit dem zusammen du eine Aufgabe angehst? Wie gut ist dein Netzwerk? Wie setzt du Teamarbeit bereits um?

Wer in Teamkonstellationen denkt, identifiziert Partner und sieht erweiterte Möglichkeiten, anstatt sich dem Gefühl zu ergeben, von der Vielzahl der Aufgaben überfordert zu sein oder davon, nicht alle Dinge gleichermaßen gut zu beherrschen. Wer seine Umgebung als sein Team betrachtet, wird motiviert, bekommt Rückhalt, genießt Vorteile der Arbeitsteilung und kann viel lernen.

Dabei gibt es offensichtliche und weniger offensichtliche Teammitglieder. Es lohnt sich, einmal zu überlegen, wer gehört eigentlich zu meinem Team? Sind es nur die unmittelbaren Kolleginnen und Kollegen? Oder auch eine größere Gruppe von Experten, Spezialisten etwa für Lernschwierigkeiten oder für psychosoziale Betreuung und Sozialarbeit, die es vielleicht an meiner Schule gibt? Wie können auch die Schülerinnen und Schüler zum Teil meines Teams werden? Was kann die Natur uns lehren? Wie erweitere ich mein Team zu meiner lokalen Gemeinde, engagiere zum Beispiel Eltern für einen Expertenvortrag oder hole mir Ideen von kreativen Köpfen und digitale Lösungen von Freunden aus der IT-Branche? Auch von anderen Kulturen und Schulsystemen mit ihren jeweiligen Lehrtraditionen und Innovationen kann man lernen und dafür gibt es bereits eine praktische Infrastruktur, zum Beispiel die europäische Plattform eTwinning.

eTwinning – Lehrkräfte-Teams in ganz Europa

Vernetzung in Teams ist auch über den Kontext der eigenen Universität oder Schule hinaus leicht möglich. Sogar auf internationaler Ebene. Eine attraktive Plattform bietet dafür das Netzwerk eTwinning, das im Jahre 2005 von der Europäische Kommission ins Leben gerufen wurde. Hier können sich Lehrkräfte aus ganz Europa und in Partnerschaft mit außereuropäischen Staaten digital vernetzen und zusammen Projekte initiieren.

Im Jahr 2019 wurde diese Initiative auch auf angehende Lehrkräfte ausgeweitet, um sich bereits in der Grundausbildung mit Kommilitonen von anderen Universitäten auszutauschen. Solche Projekte geben einerseits die Möglichkeit, das eigene Können im Bereich Projektmanagement und digitale Medien zu trainieren. Andererseits kann man sich gute Ideen holen und Inspirationen bekommen, wie in anderen Ländern gelernt und gelehrt wird und damit die eigene Praxis bereichern.

https://erasmusplus.schule/digitaler-austausch/lehrkraefteausbildung

Gute Teamarbeit stellt sich nicht automatisch ein. Eine Gruppe von Menschen, die zusammenarbeiten, macht noch lange kein Team aus (Lencioni, 2014). Besonders in selbstorganisierten Teams ohne eindeutige formale Hierarchien ist für funktionierende Zusammenarbeit eine gute Kommunikation unerlässlich. Effektive Kommunikation dient dazu, Informationen zu teilen, Klarheit über Erwartungen zu schaffen und manchmal auch, Spannungen zu überwinden, denn auch künstliches Harmoniestreben aus Furcht vor Konflikten kann ein Team schwächen. Grundlage für eine effektive Teamarbeit ist, gemeinsame Ziele zu definieren und klare Absprachen zu treffen. Geteilte Zielvorstellungen sind nötig, um Verwirrung und Ineffizienz zu vermeiden und Vertrauen in das Team aufzubauen. Aber auch, um Verantwortlichkeiten zu klären, damit niemand als Trittbrettfahrer mitreist und sich keiner ausgenutzt fühlt. Und schließlich feiern funktionierende Teams Erfolge, wenn man dem gemeinsamen Ziel einen Schritt nähergekommen ist.

ZUM NACHDENKEN: Teamaufstellung

Egal, ob du noch in der Ausbildung oder bereits in den Beruf eingestiegen bist, denke einmal darüber nach, wer aktuell in deinem Team ist. Welche Stellen sind bereits gut besetzt? Wo könntest du Unterstützung gebrauchen und punktuell nach Bedarf oder dauerhaft dein Team erweitern? Welche Aufgaben bereiten dir die größten Schwierigkeiten und wo könntest du deine Arbeit durch externe Expertise oder kreative Partnerschaften bereichern?

Wenn man ein Team aufbauen möchte, müssen unbedingt beide Seiten betrachtet werden. Einerseits kann man fragen: was kann mir ein Team bieten, welchen Mehrwert haben gerade heterogene Teams mit unterschiedlichen Kompetenzprofilen für meine Arbeit? Welche Fähigkeiten kann ich mir dazu holen, die mir selbst noch fehlen, worin können wir uns gegenseitig beflügeln oder einfach Arbeit teilen? Andererseits muss ich mir die Frage stellen, wie auch ich ein gutes Teammitglied sein kann. Was kann ich besonders gut zu einem Team beisteuern? Was ist meine

spezifische Rolle in der Gruppe, bin ich Ideengeber, Kommunikator, gewissenhafter Kontrolleur oder der Kompaniekoch, der für gute Stimmung sorgt?
Teams sind auch eine exzellente Lernquelle. Wer mit wenig Erfahrung neu in ein Team kommt, bringt oft frische Ideen ein und kann gleichzeitig von den Erfahrungen der anderen lernen. Manche Berufsanfänger haben das Glück, dass ihnen ein fähiger Mentor zur Seite gestellt wird. Wer nicht in dieser Form in den Beruf eingeführt wird, muss sich selbst darum kümmern, passende Mentoren zu finden. Und selbst wer schon viel Berufserfahrung hat, kann von regelmäßigem Coaching oder Supervision profitieren, um sich immer wieder von außen Impulse zu holen und angeleitet zu reflektieren.
Besonders stark profitieren Teams im Schulkontext von regelmäßiger Intervision. Darunter versteht man freiwillige, kollegiale Beratung, um konkrete Situationen und Fälle im Team zu besprechen, sich gegenseitig zu unterstützen und Lösungen für Probleme zu finden. Falls solche Intervisionsgruppen in deiner Arbeitsumgebung noch nicht vorhanden sind, kannst du dir Partner suchen und die Initiative ergreifen, informell oder idealerweise mit Unterstützung der Schulleitung eine solche Intervisionsgruppe aufzubauen.

ÜBUNG: Intervision

Effektive Intervisionssitzungen zu strukturieren, ist eine wichtige Herausforderung für Lehrerteams. Das kann man bereits in der Ausbildung üben. Suche dir eine kleine Gruppe Interessierter, die Lust haben, eine Fragestellung (z. B. eine schwierige Situation mit einem Schüler oder einer Schülerin) zu besprechen. Wählt eine Person, die die Sitzung moderiert und haltet am Ende fest, zu welchen konkreten Ergebnissen ihr gekommen seid. In einem Kollegium ist es bei solchen Sessions auch immer wichtig, zusammenzufassen, welche Umsetzungsschritte beschlossen wurden, damit das Erarbeitete auch in die Praxis überführt wird. Auch im Studium oder begleitend zu Praxisphasen kann man solche Fallanalysen einüben. So wird das Arbeiten im Team von Anfang an zur Routine.

8 Zukunftsgestalter

Viele junge Lehrkräfte starten voller Elan in den Beruf, mit glänzenden Ideen und einer zeitgemäßen Vorstellung von dem, was Bildung im 21. Jahrhundert bewirken kann. Aber bereits im Referendariat lassen sich viele die Flügel stutzen. Sie geben auf oder orientieren sich um, bevor sie so richtig in den Beruf eingestiegen sind oder werden sukzessive zu genau denselben frustrierten, ausdruckslosen, konformistischen Lehrerinnen und Lehrern, die sie während ihrer Schulzeit unausstehlich fanden. Manche hingegen schaffen es, die Lehrkraft zu werden, die sie sein wollen. Was den Unterschied macht, betrachten wir in diesem Kapitel.

Übungen:

Blockaden überwinden

Realitätscheck

Am Rande der Welt

8.1 Tun, was man für richtig hält

Es gibt Lehrkräfte, denen es gelingt, ihr Engagement zwischen gesellschaftlicher Verantwortung und individueller Entfaltung zu positionieren, ihre Werte und ihren Drive aufrecht zu erhalten und so Bildung positiv zu gestalten. Was zeichnet diese Lehrkräfte aus?

Wenn ich angehende Lehrkräfte in den ersten Berufsjahren erlebe oder sie darüber erzählen höre, dann erinnern mich ihre Geschichten an das, was ich aus der Tanzszene kenne. Irgendwie findet man anfänglich zum Tanzen, weil man vielleicht einen Film gesehen hat, der einen inspiriert oder eine Freundin oder ein Freund hat einen zu einer Probestunde mitgenommen. Nach einer Weile spaltet sich das Feld der Neulinge dann in zwei Lager. Die einen steigen nach ein paar Versuchen wieder aus, die anderen entwickeln eine wahre Tanzobsession und sind bald in jeglichen Trainingsstunden und auf allen Partys anzutreffen. Wie kommt das? Die Enthusiasten haben es geschafft, ihre eigene Interpretation des Tanzes zu finden. Die anderen spulen nur immer die gleichen Figuren ab und verlieren schließlich ganz die Lust daran. Ähnliches ist auch bei Lehrkräften zu beobachten. Diejenigen, die sich den Beruf zu eigen machen, ihn nach ihren Werten formen und ihren individuellen Stil entwickeln, bleiben dabei. Diejenigen, die zu einem Zahnrad im System werden und sich von den Umständen beuteln lassen, werfen das Handtuch.

In den ersten drei Kapiteln dieses Buches haben wir die Grundlagen für eine wertegeleitete, qualitätsvolle Arbeit als Lehrkräfte gelegt. Dazu gehört, seine Ziele klar vor Augen zu haben, zu wissen, was einen zu dem Job motiviert und was man unter qualitätsvoller Arbeit versteht. Die weiteren Kapitel beschäftigten sich mit der Frage, welche Fähigkeiten man braucht, um solche Arbeit zu leisten und wie man diese erlangen kann. Im letzten Kapitel geht es nun darum, herauszufinden, was einem helfen kann, seine Ideale auch langfristig in die Tat umzusetzen und sich selbst treu zu bleiben. Denn wenn jeder tatsächlich das tun würde, was den eigenen Idealvorstellungen entspricht nachdem man sich Werte und Ziele klar gemacht hat, dann würde sich die Bildungslandschaft ganz anders präsentieren. Dieses letzte Kapitel beschäftigt sich also mit der Frage, wie man es schafft, seine Ecken und Kanten zu bewahren und zu tun, was man für richtig hält.

Das Bildungswesen ist in einer tiefen Krise. Es braucht jeden und jede, die einen positiven Einfluss darauf ausüben können. Das letzte Kapitel soll daher vor allem auch all diejenigen ermutigen, die daran arbeiten wollen, das Bildungssystem im Sinne der eigenen Vorstellungen zu verändern, anstatt sich umgekehrt durch die Umstände verformen zu lassen. Es ist den Helden der Bildung gewidmet, die das Bildungssystem in die Zukunft führen.

8.2 Seinen Weg gehen

8.2.1 Jenseits von Methoden arbeiten

Der erste Schritt dahin, seine Interpretation des Berufes zu finden, besteht darin, jenseits von altbekannten Methoden zu arbeiten und seinen eigenen Stil zu entwickeln. Erfolgreiche Lehrkräfte haben sich ihr Fach so zu eigen gemacht, dass sie es ganz verkörpern können, so wie Tänzer oder Musiker, die die reine Technik hinter sich lassen und virtuos interpretieren und improvisieren. Oder gute Redner, die mit einem freien Vortrag mitreißen und einem die Augen öffnen können. Wer eigene Worte für das Gesagte findet, wer aus eigener Erfahrung berichten kann, der wird auch andere fesseln und überzeugen.

So sind auch die erfolgreichsten Lehrkräfte diejenigen, die das Skript verlassen und sich souverän und spontan aus einem reich gefüllten Methodenkasten bedienen können, je nachdem, was die Situation oder eine Person in dieser Situation gerade erfordert. Wer dagegen an starren Abläufen, den immer gleichen vorgefertigten Materialien und einfallslosen Strategien festhält, wird leicht am Bedarf vorbei agieren und vor allem jegliche Lebendigkeit einbüßen.

Methoden und Techniken muss man allerdings zuerst beherrschen, bevor man sie überwinden kann. Etablierte Lehrmethoden sind gute Hilfsmittel, derer man sich vor allem am Anfang bedient, wenn man sich auf wenig eigene Erfahrung stützen kann. Aber im Endeffekt muss man sie überwinden, um souverän und flexibel arbeiten zu können. Das gilt für Lehrkräfte genauso wie in vielen anderen Berufen. Ein Könner beherrscht die Technik, nur um sie in individuell-gefühlvoller Weise zu brechen. Auch aus anderen Bereichen wie etwa dem Coaching oder der Psychotherapie ist bekannt, dass Erfolg nicht von der korrekten Anwendung einer ganz bestimmten Methode abhängt. Vielmehr ist ausschlaggebend, dass ein Coach oder Therapeut situativ richtig reagiert und die für den Klienten in einer gegebenen Situation passende Herangehensweise wählt. Bei der Überwindung formaler Vorgehensweisen helfen einerseits Erfahrung und Selbstkenntnis und andererseits die in Kapitel 5 besprochenen sozialen Fähigkeiten und das Verständnis für unterschiedliche kulturelle und psychosoziale Zusammenhänge. Und es erfordert Selbstbewusstsein und Wissen um die eigenen Stärken und die eigene Wirksamkeit, um die sich Kapitel 6 drehte.

Wenn man seinen eigenen Weg finden will, muss man wagen, das zu tun, was man für richtig hält. Das heißt, man muss voll hinter der eigenen Arbeit stehen. Wer sein Fach und die Methoden beherrscht und darüber hinaus die eigene Herangehensweise ausdifferenziert hat, der wird als Lehrkraft tatsächlich ein Experte für Potenzialentfaltung oder ein wirkungsvoller Coach für individuelle Entwicklung sein. Der wird diese Rollen überzeugend verkörpern, anstatt nur in dieser Funktion zu arbeiten und mechanisch die Methoden dieser Profession anzuwenden. Die eigene Persönlichkeit wird so zum wichtigsten Instrument der Arbeit.

Die Herausbildung der individuellen Lehrerpersönlichkeit geht zweifelsohne mit einem gewissen Maß an Experimentieren und Scheitern einher. Was dabei helfen kann, dennoch bei sich zu bleiben, ist zu akzeptieren, dass nicht alles, was man tut, immer ideal und von Erfolg gekrönt ist. Sich hinter einer etablierten Methode zu verstecken ist zwar vergleichsweise einfach, aber eben auch limitierend. Dagegen unterliegt die Entscheidung für den eigenen Weg nur der eigenen Verantwortung, ebenso wie für ein eventuelles Misslingen. Hierfür ist Mut erforderlich und Offenheit für eine selbstkritische Analyse. So nähert man sich sukzessive der Fülle der eigenen Möglichkeiten.

Auch in Bezug auf diese Thematik hängen Lehren und Lernen untrennbar zusammen. Für seine Ideen einzustehen, um im Einklang mit sich zu sein, ist nicht zuletzt auch für Schülerinnen und Schüler eine wichtige Übung für das spätere Leben. Ihnen eine Vorstellung davon zu vermitteln, wie bereichernd und stärkend das sein kann, ist demnach die logische Fortführung dieser eigenen Herangehensweise als Lehrkraft. Etwa indem man nicht immer die Form der Präsentation einer Leistung detailliert vorgibt, sondern alternative Darbietungen nach freier Wahl zulässt. Oder indem man individuelle Interpretation und Themenwahl nicht nur zulässt, sondern auch aktiv fördert. Wer die eigene Umsetzung für sich selbst einfordert, ermöglicht sie konsequenterweise auch den anderen.

Diese selbstbestimmte Haltung zu fördern, ist ein starker gesellschaftlicher Beitrag. Auch auf gesellschaftlicher Ebene und mit Blick auf die Notwendigkeit erheblicher Veränderungen in Wirtschaft und Gesellschaft, um eine lebenswerte Zukunft zu ermöglichen, ist zu tun, was man für richtig hält von zentraler Bedeutung. Viele Menschen geben privat darauf angesprochen zu, dass sie mit vielen Dingen nicht einverstanden sind. Mit dem Handeln ihrer Arbeitgeber, mit der eigenen Rolle und dem Verhalten gegenüber anderen, sogar dem Umgang mit sich selbst. Aber dennoch tun sie es. Sie arbeiten für Unternehmen, die Anteil an der Zerstörung der Umwelt haben, sie behandeln Mitarbeiter auf unwürdige Art und Weise, sie schaden sich selbst, indem sie die eigenen Grenzen überschreiten. In Summe werden sie so Teil eines Systems, das alle im Großen und Ganzen kritisieren, aber im Kleinen täglich befördern. Weil sie nicht ihren eigenen Weg gehen und ihn auch verteidigen, sondern sich für Dinge einbinden lassen, hinter denen sie nicht stehen. Lehrkräfte haben in der Art, wie sie ihren Beruf interpretieren und mit jungen Menschen arbeiten einen zukunftsentscheidenden Hebel in der Hand, den sie bedienen können.

Was hindert uns daran, unseren eigenen Weg einzuschlagen, anstatt die Arbeit nach dem Willen anderer auszuführen oder sich an Umstände, mit denen man eigentlich nicht einverstanden ist, anzupassen? Die Antwort auf diese Frage ist sicher sehr individuell und manchmal ist sie vielleicht auch noch im Unterbewusstsein vergraben. Um Antworten auf solche wichtigen Fragen zu finden, kann man versuchen, sich auf ungewöhnliche Weise selbst zu befragen und zwar, in dem man auf die Intuition seines Körpers hört. Der Körper ist ein sehr unmittelbares Ausdruckmittel, das uns Zugänge zu Sphären ermöglicht, die uns auch durch starkes Nachdenken möglicherweise verborgen bleiben.

ÜBUNG: Blockaden überwinden

Die Choreografin und Pädagogin Arawana Hayashi (2021) hat dazu eine aufschlussreiche und wirkungsvolle Übung entwickelt, die jeder einmal ausprobieren kann. Die Übung geht so: Forme mit deinem Körper die Skulptur deiner gegenwärtigen Blockade. Was hindert dich daran, deinen Weg zu gehen? Denke nicht zu lange darüber nach, wie sie aussehen soll, sondern lass dich einfach darauf ein, was deine Körperintelligenz spontan hervorbringt. Dann forme eine zweite Skulptur der Befreiung aus dieser Blockadesituation. Wie bewegst du dich von A nach B, wie fühlt sich der befangene, wie der befreite Körper an?

Besonders wirkungsvoll ist diese Übung, wenn man sie in der Gruppe ausführt. Am besten sucht man sich dazu noch 3-4 weitere Experimentierfreudige, mit denen man dieses Terrain erkunden möchte. Dazu formt erst jeder reihum seine Blockadeskulptur und am Ende der Runde können alle ihre Beobachtungen kommentieren. In einer zweiten Runde formt jeder reihum für die anderen seine Befreiungsskulptur. Und schließlich steht die ganze Gruppe auf, eine Person führt ihre Blockadeskulptur gefolgt von der Befreiungsskulptur vor und lässt sich vom Rest der Gruppe, die die Bewegungen imitiert, dabei spiegeln. Am Ende kann man das Ganze noch einmal Revue passieren lassen und für sich reflektieren, wie diese Verkörperung und Spiegelung auf einen gewirkt haben. Nicht nur werden unausgesprochene Dinge dadurch sichtbar, das bewusst erlebte Gefühl von Befreiung unterstützt einen dabei, tatsächlich in diese Richtung vorwärts zu gehen.

8.2.2 Ecken und Kanten wahren

Wer seine Interpretation einer Aufgabe umsetzt, der wahrt seine Ecken und Kanten und lässt sich nicht von seiner Umgebung einnorden und glattschleifen. Ecken und Kanten müssen dabei nicht merkwürdige Schrullen sein oder eine Haltung von Opposition um jeden Preis. Sie bedeuten vielmehr, dass man sich für seine Ideen einsetzt, weil man voll hinter ihnen steht. Wer seine Vorstellungen bewahrt, der steht auch für seine Entschlüsse ein und folgt nicht einer schalen Rhetorik oder verfällt in opportunistisches Verhalten.

Wichtig für das Wahren der eignen Vorstellungen im Arbeitsalltag ist die Prävention: sich vorher stärken, bevor man in das professionelle System eintritt, denn sonst wird es einen möglicherweise schnell erdrücken. Viele unterschätzen die Macht etablierter Strukturen und Diskurse. Wer noch die relative Freiheit der akademischen Ausbildung genießt, kann sich oft nicht vorstellen, wie schnell es gehen kann, dass man sich anpasst. Wer keine klaren Vorstellungen vom eigenen Weg und eine kritische Selbstbetrachtung entwickelt hat, wird schnell von den dominanten Strukturen einverleibt und damit für etwas instrumentalisiert, was man eigentlich einmal dachte besser zu machen.

Die Umwelt versucht immer wieder, uns von unserem Pfad abzubringen. Der Sog der Konformität ist stark. Auch Antikonformität ist eine Falle, denn das Gegenteil von dem zu tun, was die Mehrheit tut, mag sich im ersten Moment rebellischgut anfühlen, ist aber bei genauerer Betrachtung ebenso unfrei und abhängig von eben diesem Mainstreamverhalten, wie das Mainstreamverhalten selbst. Während der Antikonformismus sich immer im Antagonismus zur dominanten Bewegung definiert und damit ebenso dieser unterworfen ist wie der Konformismus selbst, ist nur der Nonkonformismus vom Mehrheitsdenken gänzlich unabhängig. Der Nonkonformist entwickelt seine Ansichten und steuert seine Handlungen eigenständig. Das kann mal im Einklang mit gängigen Vorstellungen sein, manchmal diametral entgegengesetzt. Aber nur aus dieser Position heraus behält man seine Ecken und Kanten.

Seine Ecken und Kanten zu wahren, hat eine inhaltliche und eine formale Komponente. Erinnern wir uns noch einmal an Kapitel 2 zu den Zukunftskompetenzen. Dort wurde klar, dass ein zentraler Aspekt des Menschseins die Kreativität ist. Kreativität ist auch die entscheidende Kompetenz für positive Veränderung und den Umgang mit den großen Herausforderungen unserer Zeit, einschließlich einer Verbesserung des Bildungssystems. Das Eigene zu tun, verlangt auch, einen eigenen Ausdruck zu finden. Wer eine neue Idee ausdrücken möchte, sich aber an das Schema von drei Haupt- und drei Unterüberschriften hält, der hat schon halb verloren. Die Kohärenz von Idealen und Umsetzungsrealität spiegelt sich auch in der Wahl der Ausdrucksform wider.

Zu merken, wann man sich selbst untreu wird, erfordert eine feine Wahrnehmung. Der deutsche Transformationsforscher Otto Scharmer, der am MIT in Boston seine Theorie U zur Entfaltung und Umsetzung von relevanten Transformationsprozessen entwickelt hat (Scharmer, 2009), hat für die zentrale Voraussetzung für Zukunftsgestaltung folgende Formel gefunden: *Form follows attention*. Wer seine Aufmerksamkeit auf die Dinge lenkt, die er oder sie in die Welt bringen möchte, der wird dabei auch erfolgreich sein. Das erfordert, dass man seine Wahrnehmung schult für das was nötig ist, aber auch, um es zu merken, wenn man seinen eigenen Weg der Umsetzung zu verlassen droht.

Der erste Schritt der bewussten Wahrnehmung beginnt bei uns selbst. Dazu gehört die Ausbildung einer starken und kohärenten professionellen Identität, mit der wir uns ausführlich im dritten Kapitel beschäftigt haben. Sich über seine Werte, seine Haltung und Motivation und seine Vorstellung von Qualität im Klaren zu sein, ist die Grundlage für späteres Handeln. Aber dazu gehört auch die Frage: Was möchte ich in die Welt tragen? Wie kann ich mich von fremden Erwartungen an meine Person oder meine Rolle befreien, um zu ‚meinem Ding' zu kommen? Wie kann ich herausfinden, was ich wirklich will? Die beste Art, dies am eigenen Leib zu spüren, ist, darauf zu achten: Was gibt mir beim bloßen Gedanken daran bereits Energie? Wenn wir mit uns in Einklang sind, spüren wir, wie alles leicht von der Hand geht und die Energie auf der Stelle nach oben schnellt. Wer das Richtige tut, der sollte davon mehr Energie erhalten, als er investieren muss. Nur so ist das Ganze auf Dauer nachhaltig.

Den eigenen Weg zu gehen, kann durchaus anstrengend sein. Denn wenn sich die Umgebung an einem reibt, weil man sich nicht glatt einordnet und mit dem Strom schwimmt, egal wohin dieser Strom einen trägt, dann wird Belastung spürbar. Daher ist es ausgesprochen aufbauend und existenziell wichtig, sich mit Gleichgesinnten zu umgeben, um dem Druck des Systems etwas entgegensetzen zu können. Wie wir aus Kapitel 6 zur Selbstführung und Selbstwirksamkeit bereits wissen, hat das soziale Umfeld eine erhebliche stützende Funktion, die wir nicht vergessen dürfen, wenn wir auf unserem Weg bleiben wollen.

ÜBUNG: Realitätscheck

So kannst du prüfen, wie gut du aktuell darin bist, deine Prioritäten zu kennen und auch tatsächlich umzusetzen. Dazu kannst du folgende Reflexion in vier Schritten durchlaufen:

1. Erstelle eine Liste deiner fünf wichtigsten Prioritäten im Leben in der Reihenfolge ihrer Bedeutung.
2. Warum hast du sie in genau diese Reihenfolge gebracht? Warum ist deine oberste Priorität für dich so zentral wichtig?
3. Lebst du derzeit im Einklang mit diesen Prioritäten? Denk darüber nach, was du gestern getan hast: spiegelt dein Tagesablauf die Reihenfolge dieser Prioritäten wider?
4. Muss sich etwas ändern, um Prioritäten und Realitäten besser aufeinander abzustimmen? Was wäre das?

8.2.3 Träume leben

Tun was man für richtig hält setzt voraus, eine Vorstellung davon zu entwickeln, was richtig und erstrebenswert ist. Damit diese Vorstellung motivierend ist, muss sie größer sein, als die Banalität des Alltags. Eine Projektion in die eigene Zukunft zu machen und Möglichkeiten jenseits des Ist-Zustands zu sehen, zeichnet Macher und Gestalter in allen Bereichen aus. Und es ist ein Charakteristikum all jener Lehrkräfte und Bildungsmacher, die mit Freude und Energie ihren Beruf lange und erfüllt ausüben und auch für Kinder und Jugendliche einen Ort der Möglichkeiten schaffen. Wie würde ein Ort aussehen, zu dem Kinder und Lehrkräfte gerne kommen und an dem Entwicklung möglich ist?

Martin Luther King hatte einen Traum, nicht einen Plan. Alle Bewegungen fangen damit an, sich eine neue Welt vorstellen zu können. Das gilt für Lehrkräfte, die eine bessere Bildungswelt entwerfen wollen, ebenso wie für die jungen Menschen, die ihr Leben noch vor sich haben. Wenn Lehrkräfte aufgehört haben, zu träumen, wie wollen sie jungen Menschen dabei helfen, ihre eigenen Träume zuzulassen und zu verwirklichen? Träume können Wege eröffnen, sie sind die Option C, wenn Option A und Option B sich gegenseitig auszuschließen scheinen. Träume sind der Entwurf eines erfüllten Lebens und einer besseren Welt, die aller Aktion vorangehen.

Wem das Wort Traum nicht handfest und umsetzungsorientiert genug ist, der kann sich der Thematik nähern indem er sich die Frage stellt: Was sind die Handlungsoptionen, die ich in der Zukunft haben möchte? Möchtest du die Möglichkeit haben, deine Schülerinnen und Schüler auch mit Herausforderungen zu konfrontieren, die keinem Benotungsraster unterliegen? Oder möchtest du an einer deutschen Schule in Kolumbien unterrichten? Möchtest du die Option haben, dein Arbeitszimmer zu Hause mit lauter freiwillig angefertigten Zeichnungen von Schülerinnen und Schülern zu tapezieren, die alle die Aussage ‚Du bist die beste Lehrerin oder der coolste Lehrer der Welt' beinhalten? Von dieser Zukunftsvorstellung ausgehend kann man sich den Weg bis zurück zur Gegenwart pflastern und es wird klar, welche Weichen man stellen muss, um vom Istzustand zu diesen Möglichkeiten vorzudringen.

ÜBUNG: Am Rande der Welt

Entwerfe ein Bild deiner Träume mit einiger Präzision. Welche Möglichkeiten stehen dir in der zukünftigen Welt offen? Wenn dein zukünftiges Weltbild zu dir sprechen könnte, was würde es dir raten als ersten Schritt zu tun?

Wer Schwierigkeiten hat, vor seinem inneren Auge eine imaginäre Welt zu entwerfen, sich in eine neue Rolle zu projizieren oder eine zukünftige Situation zu erträumen, in der Zufriedenheit über das Erreichte herrscht, der kann sich als Einstieg Inspiration von einem Werk holen, das schon über eine Million Menschen begeistert hat (Strelecky, 2007). Suche dir ein ‚Café am Rande der Welt', ein gemütliches Plätzchen wo der Fuchs dem Hasen Gute Nacht sagt und nimm dir Zeit, über zwei Fragen nachzudenken.

- Warum bist du hier?
- Führst du ein erfülltes Leben?

8.2.4 Systeme verändern

Um solche Träume im Bildungssystem umzusetzen, brauchen wir Macher, die mutig die Grenzen dessen, was Bildung heute ausmacht, erweitern, die mit aktuellen gesellschaftlichen Entwicklungen konstruktiv mitgehen und die Bildungsarbeit durch ihr Tun in eine bessere Zukunft führen. Macher sind Menschen, die nicht auf Lösungen von anderen warten. Es sind Menschen, die sich nicht fragen, ‚was kann ich von der Welt erwarten', sondern die sich die Frage stellen ‚was erwartet die Welt von mir?' Denn wie Die Ärzte es in einem Song einmal ausgedrückt haben: „Es ist nicht deine Schuld, dass die Welt ist wie sie ist, es wäre nur deine Schuld, wenn sie so bleibt."
In letzter Konsequenz bedeutet das zu tun, was man für richtig hält, das System und die Bedingungen, innerhalb derer man handelt, nach diesem Ideal zu formen. Starke Persönlichkeiten sind in der Lage, nicht nur innerhalb des Systems zu bestehen und dabei ihre eigenen Vorstellungen zu wahren (im System zu arbeiten), sondern auch auf die Bedingungen selbst einzuwirken und andere bessere Bedingungen zu schaffen (am System zu arbeiten). Die größte Leistung im eigenen Schaffen besteht also darin, das System beziehungsweise die Organisation, in deren Rahmen man handelt, nach seinen Vorstellungen zu beeinflussen und positiv zu gestalten und andere in diesem Tun zu inspirieren und zu stärken.
Das heutige Bildungssystem ist in hohem Maße veränderungswürdig. Jahr für Jahr verliert es die Besten, weil es sie vergrault. Dabei sind diese die Einzigen, die das System aus eigener Kraft verändern könnten, beziehungsweise die in der Lage sind, zu demonstrieren, dass man auch innerhalb des bestehenden Systems zukunftsorientiert arbeiten kann. Wie an anderer Stelle bereits betont wurde: Lehrkräfte sind jeden Tag auch Führungskräfte. In keinem Zusammenhang kommt das stärker zum Ausdruck als in der Umsetzung von Initiativen für eine bessere Bildungswelt. Was ist also der Beitrag, den nur du alleine leisten kannst? Was soll dein Werk sein?

Jede Veränderung ruft auch Widersacher auf den Plan. Menschen sind Gewohnheitstiere und jede Veränderung, vor allem, wenn sie ungewollt und ungeplant auf einen zukommt, wird erst einmal als Verlust des Bekannten empfunden und folglich wird ablehnend darauf reagiert. Um die Erfolgschancen von Veränderungsprozessen zu erhöhen, muss man daher menschliches Verhalten richtig einschätzen und vorhersehen können. Manche Menschen sind einfach nur zu träge und fühlen sich durch Veränderungen bedroht, da sie gezwungen werden, etwas zu tun, was ihnen zunächst einmal nicht behagt. Andere fürchten, etwas zu verlieren oder sie sind pessimistisch eingestellt und glauben prinzipiell nicht mehr daran, dass sich etwas zum Positiven verändern lässt. Diese Zauderer und Gegenspieler kann man geschickt umgehen oder einbinden, indem man ihnen ihre Ängste nimmt, sie mit Resultaten überzeugt und sie zu Partnern macht, anstatt sie zu bekämpfen.

Das wichtigste ist aber, nicht selbst zum Zweifler und Bremser, Pessimisten oder Oblomov zu werden. Denn letzten Endes können wir nur uns selbst führen und lenken, um auf unserem Weg voranzuschreiten. Und damit andere Menschen ermutigen und ihnen demonstrieren, dass es nicht nur möglich, sondern ausgesprochen erfüllend ist, nach seinen Vorstellungen zu arbeiten. Macher, die ihre Vorstellungen in die Welt bringen, sind ganz bestimmte Typen. Man findet sie überall, sie sind die Stützen der Gesellschaft. So arbeiten Macher, die erfolgreich Systeme verändern:

- Macher sind Musterbrecher: Musterbrecher sind keine Hasardeure, die alles auf Teufel komm raus zerstören wollen. Sie sind klug, sie sind geschickt, sie tun was nötig ist, das bestehende System zu verbessern, zugleich stellen sie das Bestehende radikal infrage (Kaduk et al., 2020).
- Macher ergreifen Initiative. Sie beherrschen auch die praktische Seite der Veränderung: Projekte planen und pragmatisch umsetzen, Ressourcen beschaffen und effektiv einsetzen. Und sie ermutigen sich jeden Tag aufs Neue.
- Macher denken in Systemen. Wer Systeme verändern will, muss sich selbst in diesem System verorten können und die Systemzusammenhänge verstehen. Systemisches Denken ist der Weg in eine nachhaltigere Zukunft.
- Macher antizipieren Wirkungen. Viele Initiativen sind gut gemeint, aber nicht zu Ende gedacht. Sie scheitern, weil unerwartete Hürden auftauchen oder erreichen letztlich nicht das Ziel, weil Nebeneffekte die Wirkung vereiteln. Um letztlich Erfolg zu haben, muss man Konsequenzen und Wirkung der eigenen Ideen und Handlungen überblicken.
- Macher wagen Experimente. Wenn ich den richtigen Weg finden möchte, werde ich nicht umhinkommen, zu experimentieren. Und wenn ich experimentiere, wird es nicht ausbleiben, dass ich in einer Sackgasse lande. Jeden Tag bringt ein neues Experiment neue Erkenntnis und einen damit dem Ziel näher.
- Macher haben Durchhaltevermögen. Mit Geduld Ziele zu verfolgen und sich von Rückschlägen nicht beirren zu lassen, ist die stärkste Kraft von Gestaltern und sie wird immer wieder auf den Prüfstand gestellt.

- Macher sind Netzwerker. Andere zu begeistern, zu mobilisieren und für die Sache zu motivieren, erfordert Kraft und eigene Begeisterung. Alleine Veränderungen zu bewirken, ist oft eine geradezu herkulische Aufgabe. Die Beharrungskräfte des Systems sind stark. Als Einzelkämpfer wird man möglicherweise an dieser Aufgabe scheitern. Daher ist es gut, sich Gleichgesinnte und Mitstreiter zu suchen. Diese haben ähnliche Vorstellungen und ebenfalls eine Machermentalität und können uns so neue Energie geben.

Veränderungen müssen nicht gleich radikale Umwälzungen sein und das gesamte Bildungssystem oder gar die ganze Welt anvisieren. Jeder kann in seinem Umfeld Positives bewirken, und Wandel anzustoßen, ist leichter als oft angenommen wird. Das demonstriert die Diffusionstheorie des amerikanischen Soziologen und Kommunikationstheoretikers Everett Rogers (2003). Basierend auf der Analyse vielfältiger Innovations- und Veränderungsprozesse beschreibt er, wie sich neue Ideen verbreiten, von den Innovatoren über Nachahmer bis hin zu einer Mehrheit, der selbst die Nachzügler irgendwann folgen (Abb. 8.1). Wenn man sich ein Kollegium von 100 Personen vorstellt, braucht man gerade einmal eineinhalb Mitstreiter, um eine neue Idee zu entfachen…

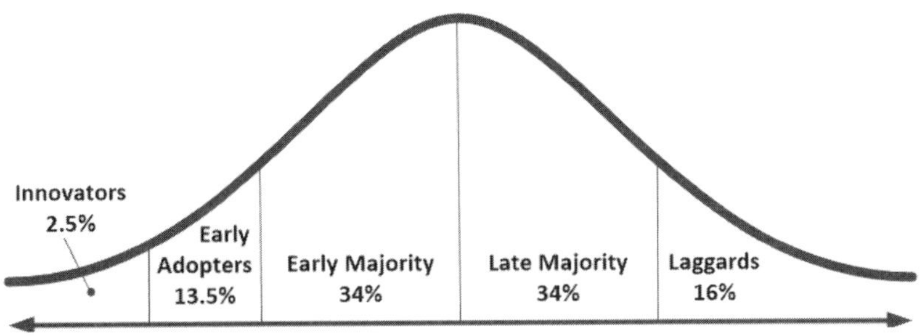

Abb. 8.1: Die Diffusionstheorie nach Everett M. Rogers (2003).

Eine simple Formel mit hohem Wahrheitsgehalt, ebenso einfach dahingesagt wie schwierig in der Umsetzung, besagt, dass Veränderung bei einem selbst beginnt. In diesem Sinne ist dieses Buch ein Buch der Möglichkeiten. Es zeigt Wege auf, wie man sich weiterentwickeln und die Schule von morgen gestalten kann. Wer es bis zu Ende durchgearbeitet hat, kann jetzt mit der eigentlichen Arbeit beginnen: Lehrkraft sein als lebenslange Entwicklungsaufgabe.

Interview mit Philippe Bretaud, Nachwuchstrainer im Institut National du Football (INF)

Philippe Bretaud ist Profitrainer im französischen Nachwuchsfußball und hat bereits Stars wie Kylian Mbappé, Marcus Thuram und zuletzt Mathys Tel trainiert. Aber vor allem ist er ein begnadeter Pädagoge und einer der Protagonisten im Bildungsdokumentarfilm „Teachers for Life“. Hier spricht er darüber, wie er zu jedem jungen Menschen den richtigen Schlüssel findet und gibt Einblicke in seine Philosophie und seine Arbeit.

Philippe, beginnen wir mit einer ebenso simplen wie anspruchsvollen Frage: Was sind aus deiner Sicht die wichtigsten Qualitäten eines Pädagogen?

Die erste Eigenschaft, die ich hervorheben möchte, ist die Fähigkeit des Zuhörens. Damit meine ich, wirklich zuzuhören. Nicht nur mit den Ohren, sondern vor allem auch mit den Augen. Also die Fähigkeit, gut zu beobachten und genau auf die Menschen zu achten.

Ich hatte das Glück, dass ich in meinem Leben die unterschiedlichsten Menschen trainiert habe, Jungen, Mädchen, Amateure, Profis, Erwachsene und Jugendliche jeden Alters. Wir vermitteln ja im Grunde immer die gleichen Dinge. Aber an das jeweilige Gegenüber muss man sich anpassen. Jeder Mensch ist anders. Je nachdem, woher er kommt, aus welcher Kultur, welches soziale Umfeld er hatte, ob er fünfzehn, achtzehn oder fünfundzwanzig Jahre alt ist, bringt er ganz unterschiedliche Erfahrungen mit. Als Pädagoge, egal ob Trainer oder Lehrer, muss man sich immer an die jeweilige Person anpassen können. Und dafür muss man zuhören.

Eines muss einem klar sein: als Pädagoge bist du nicht da, um dich selbst reden zu hören oder einen Dialog von oben herab zu führen. Als Lehrer ist es deine Aufgabe herauszufinden, was die Leute, die in deiner Obhut sind, wirklich lernen wollen. Beim Fußball weißt du, dass sie motiviert sind, etwas über Fußball zu lernen. Aber was interessiert sie wirklich an Fußball? Was genau wollen sie lernen und vor allem:

wie lernen sie? Wie können wir sie fördern? Man muss versuchen, gleich von Anfang an einzuschätzen, wie groß ihr Wille ist, zu lernen. Und was sie lernen wollen. Wenn eine Person nicht wirklich Lust hat zu lernen, muss man ihr einen Sinn geben, denn das Ziel für jeden jungen Menschen ist es, selbstständig und verantwortungsbewusst zu werden. Wenn du es schaffst, die Punkte zu erkennen, die sie wirklich interessieren und die sie weiterbringen, dann kommst du auf einmal dreimal so schnell voran.

Im Bildungsbereich ist das noch ärger. Wir im Profifußball haben die Besten, sie interessieren sich alle für Fußball. Aber stell dir vor, du bist zum Beispiel Geografielehrer. Da gibt es welche, die sich für Geografie interessieren, andere gar nicht. Es gibt Leute, die haben eine gute Auffassungsgabe und lernen einfach und andere, denen das schwerfällt. Viele Lehrer sind schnell dabei, nur die Besten zu beachten. Dabei ist es das Wichtigste für den Lehrer, alle für sein Fach zu interessieren. Ich hatte einen Geografielehrer, der uns statt Geografie zu pauken im Unterricht in andere Länder mitnahm, um eine andere Kultur zu entdecken. Er erzählte uns Geschichten und brachte mich zum Träumen. Er nahm uns mit auf Reisen und ließ uns in Gedanken die ganze Welt entdecken. Ich war in Asien, Afrika, Europa und lernte dort die Menschen kennen. Das hat einen starken Eindruck hinterlassen.

Dann gibt es noch eine zweite Eigenschaft, die von ganz wesentlicher Bedeutung ist. Ein guter Pädagoge muss an alle glauben. Selbst bei den besten Spielern wissen wir genau, dass sie nicht alle Profis werden können. Aber trotzdem muss man an alle glauben. Ich habe Manu Koné bei den Olympischen Spielen in Paris gesehen, einen Jungen, den ich im INF im Training hatte. Der Junge war so schüchtern und zurückhaltend, das kann man sich gar nicht vorstellen. Dabei war er begabt. Man musste ihm in den Hintern treten, damit er mehr Verantwortung übernahm und Fehler machte. Aber vor allem durfte man nie aufhören, an ihn zu glauben. Und jetzt steht er im Finale der Olympischen Spiele. Das ist doch großartig!

Wie erreicht man solche Qualitäten des Zuhörens und die Fähigkeit, sich in andere hineinzuversetzen? Welche Arbeit an sich selbst muss ein Pädagoge leisten?

Ich werde dir darauf etwas antworten, was vielleicht hart klingt: es gibt viele Dinge, die man lernen kann. Aber es gibt auch etwas, das einfach in uns ist. Etwas, das uns erlaubt, ein guter Pädagoge zu sein. Ein guter Pädagoge hat das Gefühl, nie zu arbeiten. Leidenschaftlich muss man sein, eine Leidenschaft für Bildung haben und eine enorme Lust, anderen etwas zu vermitteln. Ich erinnere mich gut, dass ich schon mit zwölf Jahren die Sieben- oder Achtjährigen in meinem Viertel trainiert habe. Wenn wir eine neue Übung im Training lernten, habe ich es immer gleich an sie weitergegeben. Ich kann dieses gewisse Etwas nicht beschreiben. Aber ich denke, wenn man es nicht in sich hat, dann wird es schwierig. Wie in jedem Beruf muss man feststellen, ob man dafür geeignet ist oder nicht. Alle wollen Lehrer werden, klar, das ist ein schöner Beruf. Aber man muss auch in der Lage sein, ehrlich mit sich ins Gericht zu gehen und sich zu sagen: Ich werde darin einfach nicht gut sein, das ist nicht mein Ding, ich werde es nicht schaffen. Vielleicht ergreifst du den Beruf, aber es wird immer nur halbherzig sein.

Dieses gewisse Etwas ist die Basis. Erst später habe ich gelernt, an mir selbst zu arbeiten. Ich wünschte, man hätte mich schon früher darauf gebracht, dann wäre ich ein besserer Pädagoge gewesen. Mein Schlüssel, also einer der Erfolge, die ich hatte, der wirklich alles verändert hat, war, dass ich gelernt habe, dass ich mich nie über die andere Person erheben darf. Die Person ist wichtiger als du. Du bist nicht hier, damit andere sagen: ich hatte einen tollen Lehrer. Du bist dann gut, wenn sie sich Dinge gemerkt haben. Mir ist aufgefallen, dass Lehrer das oft nicht ausreichend berücksichtigen. Sie machen einen Test nach dem Unterricht, den sie gehalten haben. Und dann geben sie eine Note in Bezug auf diese Prüfung und sagen dir: du hast wohl nicht gelernt. Aber sie stellen sich nicht die Frage, ob der Schüler vielleicht nicht verstanden hat, was gesagt wurde. Sie denken, dass er einfach nur nicht gelernt hat. Aber hätte dieser Lehrer im Unterricht die Leute interessiert, damit sie gut verstehen, würden sie ihm die richtigen Antworten geben, selbst ohne zu lernen.

Mir ist das irgendwann aufgefallen - und ich habe dabei ziemlich eine auf die Mütze bekommen. Ich ging zum Training und zog zum Beispiel mit drei Schlüsselwörtern los, drei Dinge, die sie sich unbedingt merken sollten. Wir hatten ein tolles Training, alle haben sich viel Mühe gegeben und waren zufrieden. Am Ende fragte ich sie, was sie sich gemerkt hatten und ich kam auf nicht einmal dreißig Prozent. Sie hatten sich etwas anderes gemerkt. Wir hatten also eine gute Trainingseinheit zusammen, aber sie haben aus dem Spiel nichts gelernt, um ein besserer Fußballer zu werden. Wer hat hier versagt? Nicht der Spieler. Sondern ich. Also habe ich mir gesagt, ich muss es anders machen, ich muss Dinge anders sagen. Pädagogen bewerten sich selbst nicht genug. Was hat dazu geführt, dass das, was ich vermitteln wollte, nicht hängen geblieben ist? Es ist keineswegs peinlich, Fehler zu machen oder in bestimmten Bereichen oder Themen weniger gut zu sein. Diese Demut muss man haben. Wenn du nur dreißig Prozent richtige Antworten bekommst, dann waren deine Ansprache oder deine Art, etwas zu tun, die Werkzeuge, die du benutzt hast, einfach nicht gut genug. Ein guter Pädagoge ist jemand, der auch mal was einstecken muss, weil er sich über das, was er tut, Gedanken macht.

Der zweite Trick, mit dem ich viel leichter vorankam, war, Schwächen zu meiden, es sei denn, sie waren wirklich limitierend. Ich arbeitete an den Stärken der Spieler. An dem, was sie am meisten interessierte. Sie bekamen Anerkennung und sie sahen, dass sie Fortschritte machten und das gab ihnen Selbstvertrauen. Und erst dann kommst du auf die Dinge zurück, die sie nicht so gut können. Als ich mich darauf konzentrierte, sie zu bestärken und sie in die Lage zu versetzen, wirklich selbstständig und verantwortungsbewusst ihr Trainingsprojekt zu steuern, war ich auf einmal doppelt so schnell. Denn nicht ich war derjenige, der über ihre Ausbildung entschied, sie waren es selbst.

Was sind die Herausforderungen der Lehrkräfte heute? Was hilft, mit ihnen umzugehen?

Eine der größten Herausforderungen für den Lehrer von heute ist Anpassungsfähigkeit. Die Gesellschaft hat sich in letzter Zeit sehr stark verändert und weiterentwickelt. Auch die Menschen, die zu uns in Ausbildung kommen, verändern sich. Es gibt Kinder, die in der Lage sind, drei Dinge auf einmal zu tun. Das ist beeindruckend. Sie schauen auf ihr Handy, hören dir zu und gleichzeitig einem Freund. Umgekehrt hast du sie schon nach zehn Minuten verloren, weil sie nicht konzentriert bleiben können. Im Fußball sind wir 90 Minuten lang mit dem Ball beschäftigt, da muss man hochkonzentriert bleiben. Wenn wir sie nach zehn Minuten verlieren, ist es aus. Diese jungen Menschen brauchen andere Werkzeuge und die muss man kennen. Man kann die Dinge nicht machen, wie vor zehn, fünfzehn Jahren. Und in zehn Jahren wird schon wieder alles anders sein. Daran muss ein Pädagoge sich anpassen können.

Das ist es, was für einen Pädagogen wichtig ist. Er muss innovativ sein. Nicht nur bei den Inhalten, sondern auch bei den Arbeitsformen. Wer Neues ausprobiert, wird feststellen, dass das eine besser funktioniert, als das andere und wird sich so selbst weiterentwickeln. Es gibt Lehrer, die immer das Gleiche machen, zur gleichen Zeit, am gleichen Ort. Dabei ist das, was heute funktioniert in ein paar Jahren schon wieder nicht mehr aktuell. Man muss sich an die Gesellschaft anpassen, die sich ständig wandelt.

Und zum Schluss: Welchen Rat hast du für zukünftige Lehrkräfte?

Sie sollten die Kunst beherrschen, die richtigen Hindernisse zu errichten. Das macht stärker. Das Leben hat mir viele Steine in den Weg gelegt. Ich war immer gezwungen, mehr zu tun, als andere. Das hat mich stark gemacht. Lehrer müssen lernen, die richtigen Hürden aufzustellen, um andere zu stärken. Jeder, der anders denkt als ich zum Beispiel, bringt mich weiter. Allein in Bequemlichkeit, in die darf man nie verfallen.

Bibliografie und Filmografie

Abramović, M. & Tylevich, K. (2022). *The Marina Abramović Method. Instruction Cards to Reboot Your Life.* Laurence King Publishing.

Aktionsrat Bildung (2023). *Gutachten Bildung und berufliche Souveränität.* Waxmann.

Autor, D. H. (2015). Why are there still so many jobs? The history and future of workplace automation. *Journal of Economic Perspectives, 29*(3), 3-30.

Autor, D. H. (2022). *The labor market impacts of technological change: from unbridled enthusiasm to qualified optimism to vast uncertainty.* (NBER Working Paper No. 30074). National Bureau of Economic Research. http://www.nber.org/papers/w30074

Autor, D. H. & Price, B. (2013). *The changing task composition of the US labor market: An update of Autor, Levy, and Murnane (2003).* (MIT Working Paper). https://economics.mit.edu/sites/default/files/publications/the%20changing%20task%20comp%202013.pdf

Bandura, A. (1997). *Self-Efficacy: The Exercise of Control.* Freeman.

Brock, A. & Grund, J. (2018). *Bildung für nachhaltige Entwicklung in Lehr-Lernsettings – Quantitative Studie des nationalen Monitorings – Befragung von Lehrerinnen und Lehrern.* Wissenschaftliche Beratung Weltaktionsprogramm BNE. https://www.researchgate.net/publication/328960201

Brunello, G. & Schlotter, M. (2011). *Non-cognitive skills and personality traits: Labour market relevance and their development in education and training systems.* (IZA Discussion Paper Series No. 5743). https://dx.doi.org/10.2139/ssrn.1858066

Chernyshenko, O., Kankaraš, M. & Drasgow, F. (2018). *Social and emotional skills for student success and well-being. Conceptual framework for the OECD study on social and emotional skills.* (OECD Education Working Paper No. 173). OECD Publishing. https://dx.doi.org/10.1787/db1d8e59-en

Clear, J. (2020). *Die 1% Methode. Minimale Veränderung, maximale Wirkung.* Goldmann.

Csíkszentmihályi, M. (2015). *Flow: Das Geheimnis des Glücks.* Klett-Cotta.

Deans for Impact (2016). *Practice with Purpose. The Emerging Science of Teacher Expertise.* https://www.deansforimpact.org/files/assets/practice-with-purpose.pdf

Deming, D. J. (2015). *The growing importance of social skills in the labor market.* (NBER Working Paper No. 21473). National Bureau of Economic Research. http://www.nber.org/papers/w21473

Durlak, J. A. & Weissberg, R. P. (2010). A meta-analysis of after-school programs that seek to promote personal and social skills in children and adolescents. *American Journal of Community Psychology, 45*(3-4), 294-309.

Durlak, J. A., Weissberg, R. P., Dymnicki, A. B., Taylor, R. D. & Schellinger, K. B. (2011). The impact of enhancing students' social and emotional learning: A meta-analysis of school-based universal interventions. *Child Development, 82*(1), 405-432.

Ende, M. (1973). *Momo. Oder: Die seltsame Geschichte von den Zeit-Dieben und von dem Kind, das den Menschen die gestohlene Zeit zurückbrachte. Ein Märchen-Roman.* Thienemann.

Farrington, C. A., Roderick, M., Allensworth E., Nagaoka, J., Keyes, T. S., Johnson, D. W. & Beechum, N. O. (2012). *Teaching Adolescents to Become Learners: The Role of Noncognitive Factors in Shaping School Performance – A Critical Literature Review*. Consortium on Chicago School Research.

Ferris, T. (2022). *Die 4-Stunden Woche. Mehr Zeit, mehr Geld, mehr Leben*. Ullstein.

Frankl, V. (1959). *Man's Search for Meaning*. Pocket Books.

Fuchs, R. & Gerber, M. (2017). *Handbuch Stressregulation und Sport*. Springer.

Gallup (2022): *Bericht zum Engagement Index Deutschland 2022*. https://www.gallup.com/de/472028/bericht-zum-engagement-index-deutschland.aspx

Greenberg, M. T., Domitrovich, C. E., Weissberg, R. P. & Durlak, J. A. (2017). Social and emotional learning as a public health approach to education. *The Future of Children, 27*(1), 13-32.

Hattie, J. (2009). *Visible Learning: The Sequel. A Synthesis of over 2,100 Meta-Analyses Relating to Achievement*. Routledge.

Hayashi, A. (2021). *Social Presencing Theatre: The Art of Making a True Move*. PI Press.

Heckman, J. J. (2008). *Schools, skills, synapses*. (IZA Discussion Paper No. 3515). Forschungsinstitut zur Zukunft der Arbeit. https://docs.iza.org/dp3515.pdf

Heckman, J. J. (o.D.). *The Hard Facts Behind Soft Skills*. [Video], YouTube. https://heckmanequation.org/resource/the-hard-facts-behind-soft-skills/

Hüther, G. & Hauser, U. (2021): *Jedes Kind ist hochbegabt. Die angeborenen Talente unserer Kinder und was wir aus ihnen machen*. btb Verlag.

Ishiguru, K. (2021). *Klara und die Sonne*. Faber.

Jones, D., Greenberg, M. T. & Crowley, M. (2016). The economic case for SEL. In J. A. Durlak, C. E. Domitrovich, R. P. Weissenberg & T. P. Gullotta (Eds.), *Handbook of Social and Emotional Learning: Research and Practice* (S. 97-113). Guilford Publications.

Jones, S. & Bouffard, S. (2012). Social and emotional learning in schools. From programs to strategies. *Social Policy Report, 26*(4), 1-33.

Kabat-Zinn, J. (2011): *Gesund durch Meditation. Full Catastrophe Living. Das vollständige Grundlagenwerk* (7. Aufl.). Otto Wilhelm Barth Verlag.

Kaduk, S., Osmetz, D. & Wüthrich, H. A. (2020). *Musterbrecher. Die Kunst das Spiel zu drehen*. Murmann.

Kaluza, G. (2018). *Stressbewältigung: Trainingsmanual zur psychologischen Gesundheitsförderung* (4. Aufl.). Springer.

Keltner, D. (2023). *Awe – The New Science of Every Day Wonder*. Penguin.

Lencioni, P. (2014). *Die fünf Dysfunktionen eines Teams*. Wiley.

Levitin, D. (2015). *The Organized Mind: Thinking Straight in the World of Information Overload* (2. ed.). Penguin Random House.

Linklater, K. (2007). *Freeing the Natural Voice* (2. ed.). Nick Hern Books.

Merritt, E. G., Wanless, S. B., Rimm-Kaufman, S. E., Cameron C. & Peugh, J. L. (2012). Contribution of teachers' emotional support to children's social behaviors and self-regulatory skills in first grade. *School Psychology Review, 41*(2), 141-159.

Ministerium für Schule und Weiterbildung des Landes Nordrhein-Westfalen (2012). *Allgemeine Dienstordnung für Lehrerinnen und Lehrer, Schulleiterinnen und Schulleiter an öffentlichen Schulen (ADO)*. https://bass.schul-welt.de/12374.htm

Moffitt, T. E., Arseneault, L., Belsky, D., Dickson, N., Hancox, R. J., Harrington, H., Houts, R., Poulton, R., Roberts, B. W., Ross, S., Sears, M. R., Thomson, W. M. & Caspi, A. (2011). A gradient of childhood self-control predicts health, wealth, and public safety. *Proceedings of the National Academy of Sciences, 108*(7), 2693-2698.

Nestor, J. (2021). *Breath: The New Science of a Lost Art.* Penguin Publishing Group.

OECD (2019). *TALIS 2018 Results (Vol.1) Teachers and School Leaders as Lifelong Learners.* OECD Publishing. https://doi.org/10.1787/1d0bc92a-en

OECD (2021). *Beyond Academic Learning. A Survey on Social and Emotional Skills.* OECD Publishing. https://doi.org/10.1787/92a11084-en

OECD (2022). *Are Students Ready to Take on Environmental Challenges?* (PISA in Focus, No. 120). OECD Publishing. https://doi.org/10.1787/22260919

Porter, E. H. (1913). *Pollyanna.* L. C. Page.

Resnick, M. (2017). *Lifelong Kindergarten. Cultivating Creativity through Projects, Passion, Peers and Play.* MIT Press.

Rieckmann, M. (2018). Learning to transform the world: key competencies in ESD. In A. Leicht, J. Heiss & W. J. Byun (Eds.), *Issues and Trends in Education for Sustainable Development.* (S. 39-59). UNESCO Publishing.

Rifkin, J. (2022). *Das Zeitalter der Resilienz. Leben neu denken auf einer wilden Erde.* Campus.

Robinson, K. (2006). *Do schools kill creativity?* Ted Talk June 26, 2006. https://www.ted.com/talks/sir_ken_robinson_do_schools_kill_creativity?language=en

Robinson, K. (2010). *The Element. How Finding Your Passion Changes Everything.* Penguin Books.

Rogers, E. M. (2003). *Diffusion of Innovations* (5. ed.). Free Press.

Rogers, J. (2016). *Coaching Skills. The Definite Guide to Being a Coach* (4. ed.). Open University Press.

Rosa, H. (2019). *Resonanz. Eine Soziologie der Weltbeziehung.* suhrkamp taschenbuch wissenschaft.

Rosa, H. (2020). *Unverfügbarkeit.* Suhrkamp.

Scharmer, O. (2009). *Theorie U. Von der Zukunft her führen.* Carl-Auer Verlag.

Schellhammer, B. (2019). *An Konflikten wachsen. Konflikt-Coaching und die Sorge um sich selbst.* Beltz Verlag.

Schleske, M. (2016). *Herztöne: Lauschen auf den Klang des Lebens* (7. Aufl.). adeo.

Schonert-Reichl, K. (2017). Social and emotional learning and teachers. *The Future of Children, 27*(1), 137-155.

Seligman, M. (2006). *Learned Optimism. How to Change Your Mind and Your Life* (3. ed.). Vintage.

Singer, T. & Bolz, M. (Hrsg.). (2013). *Mitgefühl: In Alltag und Forschung* [E-Book]. Max-Planck Gesellschaft. http://www.compassion-training.org/de/online/files/assets/basic-html/index.html#1

Spitzer, M. (2007). *Lernen: Gehirnforschung und die Schule des Lebens* (3. Aufl.). Spektrum Akademischer Verlag.

Statistisches Bundesamt (2022). *Finanzen und Steuern. Versorgungsempfänger des öffentlichen Dienstes.* (Fachserie 14, Reihe 6.1). Destatis.

Statistisches Bundesamt (2023a). *Wöchentliche Arbeitszeit 2022.* Destatis. https://www.destatis.de/DE/Themen/Arbeit/Arbeitsmarkt/Qualitaet-Arbeit/Dimension-3/woechentliche-arbeitszeitl.html

Statistisches Bundesamt (2023b). *Bildungsfinanzbericht 2023.* Destatis.

Steffny, H. (2019). *Das große Laufbuch: Alles, was man zum Laufen wissen muss.* Südwest Verlag.

Strelecky, J. (2007). *Café am Rande der Welt: Eine Erzählung über den Sinn des Lebens* (61. Aufl.). dtv.

Strobel, I. (2021). *Stressbewältigung und Burnoutprävention* (3. Aufl.). Thieme.

Suarez, V. & McGrath, J. (2022). *Teacher professional identity: How to develop and support it in times of change.* (OECD Education Working Papers No. 267). OECD Publishing. https://dx.doi.org/10.1787/b19f5af7-en

Tandler, N. & Petersen, L.-E. (2021). Schützt Selbstmitgefühl angehende Lehrkräfte vor dem Burnout? Über die protektive Rolle von Selbstmitgefühl im Lehramtsreferendariat. *Psychologie in Erziehung und Unterricht, 86*(2), 81-99.

Voss, C. & Raz, T. (2017). *Never Split the Difference. Negotiating As If Your Life Depends On It.* Random House Business.

Wallraff, G. (1985). *Ganz unten.* Kiepenheuer & Witsch.

World Economic Forum (2020): *The Future of Jobs Report 2020.* https://www3.weforum.org/docs/WEF_Future_of_Jobs_2020.pdf

Filmografie

Dagtekin, B. (2013). *Fack ju Göhte.*

Herzog, W. (2011). *Into the Abyss.*

Höckel, K. & Wildgruber, J. (2021). *Teachers for Life.*

Notizen

Notizen